Karl-Heinz Reicheneder

Neue alpenländische
Krippen

zum Selberbauen

Liebe Krippenfreunde!

Besonders im alpenländischen Raum, aber auch in vielen anderen Gegenden, werden in der Adventszeit in den Wohnungen Krippen aufgestellt. Dieser alte Brauch, die Geburt Christi bildhaft und räumlich darzustellen, wird bereits seit vielen Jahrhunderten gepflegt.

Über Generationen hinweg haben viele Menschen die meist selbst gefertigten Weihnachtskrippen wie einen Schatz gehütet, Jahr für Jahr ausgebessert und erweitert. So entstanden kleine, oft ganz individuelle Kunstwerke, die ihren festen Platz in der weihnachtlich geschmückten Wohnung hatten.

Auch heute ist es in vielen Familien noch fester Brauch und eine gern gepflegte Tradition, die Weihnachtskrippe selbst zu basteln.

Dieses Buch soll Ihnen helfen, diese schöne Tradition zu bewahren oder neu zu entdecken und Sie gleichzeitig dazu anregen, beim gemeinsamen Basteln mit der Familie die Vorweihnachtszeit zu nutzen, sich auf ein ganz besonderes Fest, das Fest des Friedens und der Freude, einzustimmen.

Ihr

Karl-Heinz Reichmuth

Folgende **WERKZEUGE** und **KLEINMATERIALEN** werden für jede Krippe benötigt (erhältlich in Baumärkten):

- mittelgroße Flasche Holzleim
- ca. 250 ml Wachsbeize
- ca. 50 Holzschrauben (Senkkopf 35 x 3 mm)
- Holzschleifpapier
- ggf. kleine Packung Moltofill
- ggf. kleine Packung Tapetenkleister
- ggf. engmaschiges Drahtgeflecht (Hasenstallgitter)
- Heißklebepistole mit Klebepatronen
- Säge, evtl. Stichsäge
- Drahtbürste
- scharfes Messer
- Seitenschneider
- Pinsel oder Schwamm
- mittlere Spachtel
- Metermaß
- sonstiges haushaltsübliches Kleinwerkzeug

ZUSÄTZLICH FÜR DIE GESTALTUNG DER GRUNDPLATTE:

- Streumaterial (z. B. vom Modelleisenbahnbau)
- fein zerriebene, trockene Baumrinde
- Heu und Stroh
- ggf. Steine für die Stallwände

Hinweis: Das Kleinmaterial kann bei den verschiedenen Krippen variieren. Bitte beachten Sie immer die bei der jeweiligen Krippe angegebene Materialliste.

Bevor es losgeht

1 Bevor Sie sich für eine der Krippen entscheiden, sollten Sie Ihre eigenen bastlerischen Fähigkeiten, das vorhandene Werkzeug und den Platzbedarf prüfen.

2 Sie werden beim Zusammenbau keine Probleme haben, wenn Ihnen der Umgang mit Werkzeugen wie Akku-Bohrschrauber, Säge, Schraubenzieher und Ähnlichem vertraut ist.

3 Den zeitlichen Aufwand bestimmen weitgehend Sie selbst. Bei den kleineren Krippen ist jedoch in jedem Fall von einem Zeitbedarf von sechs bis acht Stunden, bei den größeren bis zu 25 Stunden auszugehen.

4 Prüfen Sie, ob der notwendige Platzbedarf für den fertigen Krippenstall vorhanden ist.

5 Wenn Sie bereits Krippenfiguren besitzen, sollten Sie darauf achten, dass die Größe des Stalles den Figuren angepasst ist. Bei jeder Krippe ist deshalb die Größe der dazu passenden Krippenfiguren angegeben.

6 Für die Holzkonstruktion wird trockenes Fichtenholz verwendet. Wer über die entsprechenden Werkzeuge verfügt, kann sich die Bauteile mithilfe der Stückliste, die für jedes Krippenmodell angegeben ist, selbst schneiden. Im anderen Fall können Sie die notwendigen Leisten auch im Baumarkt oder beim Schreiner besorgen.

7 Die Grundplatte besteht aus einer Pressspanplatte, kann jedoch auch aus Brettern zusammengefügt, geschliffen und dann gebeizt werden. Die Größe der Grundplatte richtet sich immer nach dem vorhandenen Platz, sollte jedoch nicht kleiner als in der jeweiligen Stückliste angegeben sein.

8 Für die Holzverkleidung und für das Dach können Bretter von Obst- oder Salatkisten verwendet werden. Die Stärke der Brettchen sollte jedoch nicht mehr als 4 mm betragen. Ersatzweise kann ein im Baumarkt erhältliches Profilbrett verwendet werden, das auf eine Stärke von 3 mm bis 4 mm abgehobelt werden kann.

9 Für jede der Krippen finden Sie eine detaillierte Bauanleitung mit Stückliste und Montagezeichnung in diesem Buch.

10 Hinweise für den Bezug eines kompletten Bausatzes entsprechend der jeweiligen Stückliste mit Bretterverschlag und Dacheindeckung (ohne Grundplatte) entnehmen Sie bitte dem Impressum auf Seite 64.

Zusammenbau

1 Alle tragenden Teile der Krippenkonstruktion werden mit Holzschrauben verschraubt. Damit die Holzleisten nicht reißen, sollten die Löcher vorgebohrt werden.

2 Holzverkleidungen und Dacheindeckungen werden mit einer Heißklebepistole und Heißkleber aufgeklebt.

3 Die einzelnen Bauteile sollten Sie entsprechend der Stückliste mit Bleistift nummerieren und bezeichnen, z. B. „1 = Tragebalken".

4 Mehrere maßgleiche Teile werden zur besseren Übersicht mit „1a", „1b" usw. gekennzeichnet. Diese Kennzeichnung erleichtert Ihnen den Zusammenbau.

5 Um der Krippe ein möglichst altes Aussehen zu verleihen, sollten alle nach der Fertigstellung der Krippe sichtbaren Schnittflächen und Schnittkanten der Tragebalken, Pfetten (= waagrechte Balken im Dachstuhl), Holme und Sparren vor dem Zusammenbau bearbeitet werden. Schnittkanten sollten mit einem scharfen Messer ungleichmäßig gebrochen werden. Die Schnittflächen werden ebenfalls mit einem scharfen Messer bearbeitet, sodass unebene Flächen entstehen. Anschließend werden die Flächen mit einer Drahtbürste bearbeitet, bis die Maserung des Holzes hervortritt. Aufgeraute Teile werden anschließend mit Schleifpapier überarbeitet. Die Herstellung von Türen und Toren entnehmen Sie bitte Seite 36/37.

Farbwahl

1 Für den Anstrich wird eine Wachsbeize empfohlen, die mit einem Pinsel oder auch mit einem Schwamm leicht aufgetragen wird. Am besten eignen sich Grautöne oder auch dunklere Brauntöne. Wachsbeizen können untereinander gemischt werden. In jedem Fall sollte eine Probebeizung durchgeführt werden, die aber erst nach dem Trocknen (halber Tag) zu beurteilen ist. Nach dem Trocknen können Sie die gebeizten Teile nochmals mit einem Lappen überarbeiten.

2 Für verputztes Mauerwerk können die Wände nach dem Trocknen der Gipsmasse etwas patiniert werden. Dies deckt grelles Weiß etwas ab und erweckt den Eindruck einer alten Mauer.

Geländeoberfläche

Mit Pappmaché (altes Zeitungspapier in kleine Stücke reißen, in angerührtem Tapetenkleister einweichen und gut durchkneten) kann auf der Grundplatte mit etwas Fantasie das Gelände geformt werden. Eine Erhöhung erreicht man, indem man den Stall zuerst auf eine kleinere Grundplatte schraubt und diese dann auf eine größere Platte setzt. Mit entsprechenden Leisten zwischen den beiden Platten kann die Höhe variiert werden. Der Übergang zwischen den Platten wird ebenfalls mit Pappmaché geformt.

Krippe A

→ etwas mehr Aufwand, der sich lohnt

1 Diese Krippe besteht aus einer Scheune mit Heuboden und einem nach rechts verlaufenden Schleppdach. Die größere Variante der Krippe A eignet sich für Figuren von 10 cm bis 13 cm Größe, die kleinere Variante für Figuren bis zu einer Größe von 11 cm. Das Stallgebäude ist nach vorne hin abgesetzt.

2 Der Krippenstall kann an der Vorderfront mit einem Bretterverschlag (Bild Seite 8), einer verputzten Mauer (Bild Seite 13) oder mit einer Steinmauer (Bild Seite 6/7) gebaut werden.

3 Darüber hinaus kann jede der drei Varianten in zwei verschiedenen Größen gebaut werden. Das Aussehen bleibt dabei gleich.

4 Die Montage der kleineren Varianten unterscheidet sich nicht vom Bau der größeren Modelle, sodass die Montageanleitung von Seite 9 bis 15 für alle Modelle verwendet werden kann.

5 In den nachfolgenden Bauanleitungen wird der Zusammenbau der Krippe beschrieben. Ihr bastlerisches Können sollte so sein, dass Ihnen der Umgang mit dem benötigten Werkzeug nicht vollständig fremd ist.

6 Wenn Sie sich für eine der angebotenen Varianten entschieden haben, sollten Sie in jedem Fall vor dem Materialeinkauf das Kapitel „Bevor es losgeht“ (Seite 4) lesen. Die Stückliste und Montageskizze der kleineren Variante finden Sie auf Seite 19/20.

Krippe A, größere Variante

1 Die Stückliste und Montagskizze der kleineren Variante finden Sie auf Seite 19 und 20. Die größere Variante von Krippe A erfordert etwas mehr Zeitaufwand.

2 Maße der Krippe: Diese Krippe hat eine Breite von 70 cm, eine Tiefe von 42 cm und eine Höhe von 31 cm (Stall ohne Grundplatte).

3 Die Grundplatte, auf die das Stallgebäude geschraubt wird, kann natürlich beliebig groß gewählt werden, sollte jedoch nicht kleiner als 80 cm x 60 cm sein. Berücksichtigen Sie bei der Größe der Grundplatte, dass die Krippe durch Türen transportiert werden und auch aufbewahrt werden muss, wenn sie nicht mehr benötigt wird.

Krippe A, größere Variante mit Holzverschlag am Vorbau

Stückliste für Krippe A, größere Variante:

Nr.	Bezeichnung	Profil/Material (Maße in cm)	Maße in cm	Anzahl
1	Tragebalken	Vierkant	2,2 x 5 x 18	2
2	Pfette	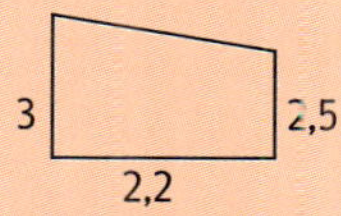	2,2 x 3 x 34	1
3	Pfette	wie Pfette Nr. 2	2,2 x 3 x 47	2
4	Querbalken	Vierkant	2,2 x 2,2 x 38	2
5	Tragebalken	Vierkant	2,2 x 2,2 x 18	3
6	Tragebalken	Vierkant	2,2 x 2,2 x 10	2
7	Firstträger	Vierkant	1,5 x 2,2 x 6,2	2
8	Firstbalken	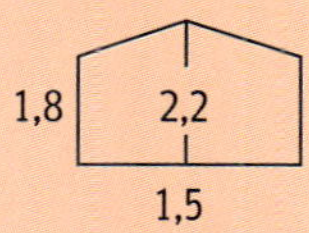	1,5 x 2,2 x 34	1
9	Strebe	Vierkant	1 x 1 x 9	2
10	Sparren	Vierkant	1,5 x 1 x 29	10
11	Sparren	Vierkant	1,5 x 1 x 30	5
12	Sparren	Vierkant	1,5 x 1 x 40	2
13	Querholm	Vierkant	1,5 x 1 x 38	2
14	Querholm	Vierkant	1,5 x 1 x 20	2
15	Querholm	Vierkant	1,5 x 1 x 34,4	2
16	Querholm	Vierkant	1,5 x 1 x 19,6	2
17	Stallwand	Brett	12,6 x 18 x 1	1
18	Stallwand	Brett	20,5 x 20 x 1	1
19	Randleiste	Vierkant	1,5 x 0,5 x 80	4
20	Grundplatte	Pressspan	ca. 60 x 80 x 1	1

WEITERFÜHRUNG

Krippe A, größere Variante

Materialbedarf in laufenden Metern:

Vierkant-Leisten	lfd. M.
2,2 cm x 5 cm	0,4
2,2 cm x 3 cm	1,5
2,2 cm x 2,2 cm	1,7
2,2 cm x 1,5 cm	0,5
1,5 cm x 1,0 cm	8,2
1,0 cm x 1,0 cm	0,2
1,5 cm x 0,5 cm	3,2

- Die Stückliste ist für **alle** großen Varianten der Krippe A (Stallvorbau mit verputzter Mauer oder/und Stallvorbau mit Steinmauer bzw. Stallvorbau mit Bretterverschlag) zu verwenden. Bei der Variante mit Steinmauer werden die beiden Stallwände Nr. 17 und Nr. 18 nicht benötigt.
- Das Werkzeug und sonstige Material, das Sie benötigen, sind auf Seite 4 aufgeführt.
- Zusätzlich benötigen Sie für Holzverschläge und Dacheindeckung pro Krippe Bretter von ca. 4 bis 6 Salat- oder Obstkisten (vgl. Seite 4 und 5).

Montageskizze Krippe A, größere Variante

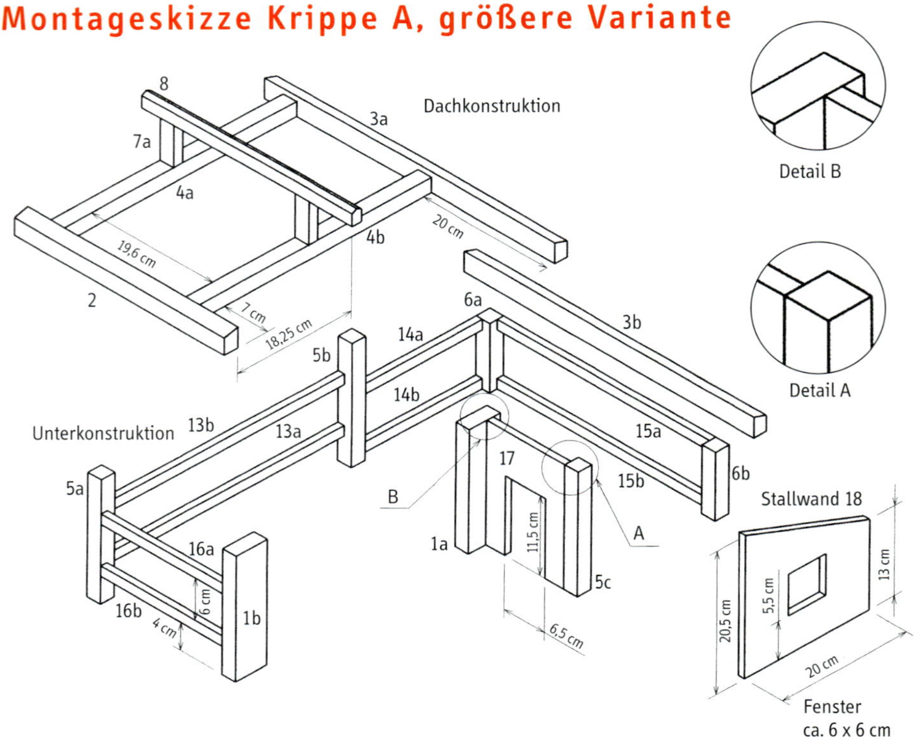

Montage für alle Varianten und Größen

Die folgende Montageanleitung gilt für alle Varianten der Krippe A in allen Größen.
Für die größere Variante der Krippe A sind die Maße der Montageskizze auf Seite 10 maßgeblich, für die kleinere Variante die Maße der Montageskizze auf Seite 20.

Unterkonstruktion

◆ Vor dem Zusammenbau werden die Schnittflächen und -kanten der sichtbaren Teile mit Messer und Drahtbürste entsprechend den Angaben auf Seite 5 bearbeitet.

◆ Tragebalken 1b und 5a mit den beiden Querholmen 16a und 16b zusammenschrauben (Abstände siehe Skizze). Die Breitseiten der Querholme sollten immer außenbündig an den Tragebalken befestigt werden.

◆ Tragebalken 5a und 5b mit den beiden Querholmen 13a und 13b zusammenschrauben. Hier sind die Abstände beliebig; sie sollten ca. 3 cm bzw. 14 cm von der unteren Stirnseite der Tragebalken entfernt sein.

◆ Restliche Tragebalken und Querholme bis zum Tragebalken 6b wie auf der Montageskizze auf Seite 10 zusammenschrauben. Dabei die Querholme in der Höhe etwas versetzt anbringen.

◆ Pfette 3b über die Tragebalken 6b und 6a legen und von oben anschrauben. Vorher die Pfette auf der ganzen Länge mit scharfem Messer oder Hobel entsprechend dem Profil aus der Stückliste (siehe Seite 7) anschrägen. Die Pfette steht vorne ca. 3 cm über.

◆ Schrauben etwas versenken.

◆ Pfettenenden mit Drahtbürste und Messer bearbeiten (siehe dazu Seite 5).

◆ Nachdem nun die Unterkonstruktion soweit fertiggestellt ist, wird diese auf der vorher auf Maß geschnittenen Grundplatte befestigt. Dazu die Unterkonstruktion auf die Grundplatte stellen, im rechten Winkel ausrichten; Standort der Tragebalken mit Bleistift markieren (Abstand der Tragebalken zur hinteren Schnittkante der Grundplatte ca. 6 cm) und dann von unten mit Schrauben befestigen; Bohrungen an der Unterseite der Grundplatte ansenken.

◆ Anschließend können zwischen den beiden Querholmen Nr. 16 (auf der linken Seite) zwei senkrechte Holme eingepasst werden, die als Fensterrahmen dienen.

◆ Anschließend auch die beiden Tragebalken 5c und 1a auf der Grundplatte befestigen (im rechten Winkel ausrichten; Maße siehe Stallwände Nr. 17 und 18, die später dazwischen gesetzt werden). Der Zusammenbau der Unterkonstruktion ist damit zunächst abgeschlossen.

Montage Krippe A, für alle Varianten und Größen

Dachkonstruktion

◆ Pfetten 2 und 3a mit den Querbalken 4a und 4b entsprechend der Montageskizze verschrauben und dabei Holzleim verwenden. Vorher Pfetten 2 und 3a auf der ganzen Länge entsprechend der Profilskizze der Stückliste mit Messer oder Hobel anschrägen.

◆ Schnittflächen und Schnittkanten der Pfettenüberstände sowie die von vorne zu sehenden Schnittflächen der Querbalken 4 mit scharfem Messer, Drahtbürste und Schleifpapier bearbeiten (Maße siehe Montageskizze Seite 10).

◆ Firstträger 7a und 7b von unten mittig auf die Querbalken 4 schrauben.

◆ Die nach vorne gerichteten Schnittflächen und Kanten werden wieder bearbeitet.

◆ Firstbalken 8 zweiseitig anschrägen (siehe Profilskizze auf der Stückliste) und von oben auf die Firstträger schrauben. Der Firstbalken steht, wie die beiden Pfetten 2 und 3a, hinten ca. 3 cm über. Kanten und Schnittflächen vorher wieder bearbeiten.

◆ Nachdem die Dachkonstruktion fertig gestellt ist, wird diese auf die Tragebalken der Unterkonstruktion aufgelegt, ausgerichtet und dann von oben mit den Tragebalken verschraubt. Dabei wird die Pfette 2 so ausgerichtet, dass sie außen bündig mit den beiden Querholmen 16 und der Querbalken 4b hinten ebenfalls außen bündig mit den beiden Querholmen 13 eine senkrechte Linie bildet.

Die verschiedenen Wände für den Stallvorbau

◆ Soll der **Stallvorbau mit einer Steinmauer** gestaltet werden, arbeiten Sie bitte wie auf S. 13 beschrieben weiter.

◆ Beim **Stallvorbau mit verputzter Mauer oder mit Bretterverschlag** werden zunächst an den beiden Stallwänden 17 und 18 entsprechend der Montageskizze die Türe und das Fenster ausgeschnitten. Die Stallwand 18 auf Maß schneiden (Schräge). Die Wände können mit Leim oder auch mit Heißkleber an den Tragebalken innen und an der Grundplatte festgeklebt werden.

◆ Beim **Stallvorbau mit verputzer Mauer** werden die beiden Stallwände nach dem Einbau innen und außen mit einer Gipsmasse aus Moltofill bestrichen. Vorher sollten die Stallwände jedoch mit wasserverdünntem Holzleim eingestrichen werden. Für die Gipsmasse wird Moltofill in einem entsprechenden Behälter mit Wasser und reichlich Holzleim cremig angerührt, eventuell Abtönfarbe (beige) hinzufügen.

◆ Die Gipsmasse mit Spachtel auf die Stallwände ca. 2 mm dick auftragen, die Tragebalken dabei frei lassen. Die Schnittflächen der Fenster ebenfalls bestreichen, wenn kein Fensterrahmen vorgesehen ist.

◆ Nach dem Trocknen der Wände (ca. 2 Tage) können sie mit Patina und etwas Öl auf „alt" bemalt werden (siehe dazu Seite 5).

◆ Möchten Sie Teile der Stallwände mit abgefallenem Verputz und sichtbarem Mauerwerk darstellen, so sollten Sie diese Bereiche vor dem Patinieren nochmals mit einer rot eingefärbten Gipsschicht bestreichen (Abtönfarbe beimengen).

◆ Nachdem die Gipsschicht etwas angetrocknet ist (3 bis 4 Stunden) können mit einem Streichholz die Rillen zwischen den „Mauersteinen" in die Gipsschicht geritzt werden.

◆ Nach dem vollständigen Antrocknen sollte an den Übergängen der Mauersteine zur weißen Stallwand nochmals eine 1 mm bis 2 mm dicke weiße Gipsschicht aufgebracht werden.

◆ Wenn alles angetrocknet ist, können die Wände etwas patiniert werden.

Stallvorbau mit Steinmauer

◆ Die Steinmauer ersetzt die Stallwände 17 und 18 und sollte eine Wandstärke von ca. 2 cm haben.

◆ Holzrahmen für Stallwand 17 und 18 zusammenschrauben. Die Innenmaße der Rahmen entsprechen den Fertigmaßen der beiden Stallwände. Die Rahmenhöhe ist wie die Mauerstärke mindestens 2 cm.

◆ Beide Rahmen nebeneinander auf eine glatte Unterlage legen und dort leicht festschrauben.

◆ Auf die Unterlage Plastikfolie oder Ähnliches legen, damit die fertige Mauer später leichter von der Unterlage abzuheben ist.

◆ Türfläche (auf Mauer 17) und Fensterfläche (auf Mauer 18) aus einem ca. 2 cm starken Brett ausschneiden, in den entsprechenden Rahmen setzen und festschrauben. Maße der Türen und Fenster siehe Montageskizze (Seite 10).

WEITERFÜHRUNG

Montage Krippe A, für alle Varianten und Größen

◆ Dickflüssige Gipsmasse (Moltofill) anrühren und beide Rahmen damit bis ca. 1/3 der Mauerstärke auffüllen.

◆ Zum Stabilisieren engmaschiges Drahtgeflecht (z. B. Hasenstallgitter) leicht in die Gipsmasse drücken. Vorher Drahtgeflecht entsprechend zuschneiden; dabei auch Fensterfläche und Tür ausschneiden.

◆ Rahmen mit Gipsmasse zu ca. 2/3 auffüllen.

◆ Bereitgelegte ca. 2,5 cm große Kiesel- oder/und Schottersteine möglichst nahe nebeneinander leicht in die Gipsmasse drücken. Beide Rahmen vollständig mit Steinen auslegen, nur die Tür und das Fenster bleiben frei.

◆ Nach dem Austrocknen der Mauer (3 bis 4 Tage) Rahmen, Tür und Fensteraussparung vorsichtig entfernen.

◆ Fertige Mauer zwischen die Tragebalken setzen und innen an Grundplatte und Tragebalken mit Heißkleber oder Holzleim befestigen. Ggf. Mauerwerk mit Holzraspel nachbearbeiten.

◆ Türrahmen und evtl. Fensterbrett aus Holz fertigen und einkleben.

Fertiger Stallvorbau mit Steinmauer

Einbau des Heubodens (für alle Varianten)

- Bretter aus Obst- oder Salatkisten ca. 1 cm bis 2 cm breit schneiden (vgl. Seite 4) und waagrecht auf Querbalken 4a und 4b kleben.
- Auf der Vorderseite der Krippe die Bretter ca. 2 cm überstehen lassen; auf der Rückseite sollten sie bündig mit dem Querbalken abschließen.

Dachstuhl für alle Varianten und Größen

Montage der Dachsparren

- Zur Fertigstellung des Rohbaus werden die Dachsparren aufgeklebt. Sparren 10 hochkant und paarweise vom Firstbalken 8 zur Pfette 2 bzw. zur Pfette 3a legen und mit Heißkleber befestigen.
- Sparren stirnseitig schräg schneiden, damit sie bündig zusammenstoßen.
- Sparren an Pfette 2 ca. 4 cm überstehen lassen. Die Sparren auf der rechten Seite liegen nur ca. 1 cm auf der Pfette 3a auf. Entsprechend zuschneiden.
- Jeweils ein Sparrenpaar am vorderen und hinteren Ende der Pfetten anbringen.
- Jeweils ein Sparrenpaar wird außen senkrecht über dem Querbalken 4a und 4b angeklebt. Das restliche Sparrenpaar mittig festkleben.
- Sparren 11 hochkant als Verlängerung der Sparren 10 von der Pfette 3a zur Pfette 3b legen und aufkleben.

- Sparren an Pfette 3b ca. 4 cm überstehen lassen.
- Die beiden Sparren 12 über dem Vorbau anbringen.
- Vor dem Aufkleben Sparrenüberstände und Schnittflächen der vorderen Sparren mit Messer, Drahtbürste und Schleifpapier bearbeiten.
- Einen Sparren am vorderen Pfettenende, den zweiten Sparren über der Stallwand außen bündig anbringen.
- Streben 9 als Schrägversteifung am vorderen Giebel zwischen Querbalken 4a und Sparren schräg einpassen und festkleben.

- Vorher Streben mit Messer, Bürste und Schleifpapier bearbeiten.
- Rohbau mit Holzbeize anstreichen.

WEITERFÜHRUNG

Dachstuhl Krippe A, für alle Varianten und Größen

Anbringen der Holzverkleidung für den Bretterverschlag

◆ Für den Bretterverschlag werden, wie auch später für die Dachschindeln, Obst- oder Salatkisten oder auch ein gebürstetes Profilbrett aus dem Baumarkt verwendet (vgl. Seite 4/5).

◆ Für den Bretterverschlag werden mit einem Messer ca. 1 cm bis 2 cm breite Bretter zurechtgeschnitten, die mit Heißkleber an die Dachsparren, Querbalken und Pfetten geklebt werden.

◆ Bei der Variante mit Bretterverschlag werden die beiden Mauern 17 und 18 mitverkleidet.

◆ Auf der linken Stallseite ein ca. 6 cm breites Fenster frei lassen (siehe Bild, Seite 17). Die Querholme 16 unten und oben bilden den Fensterrahmen.

◆ Die Vorderseite der Krippe können Sie beliebig offen gestalten.

◆ Tragebalken, an denen Schrauben sichtbar sind, werden mitverkleidet.

Dacheindeckung

◆ Das Dach wird mit Schindeln eingedeckt. Dazu werden die gleichen Bretter wie für den Bretterverschlag verwendet. Für die Schindeln schneiden Sie 5 cm bis 6 cm breite Streifen zu, die dann auf die benötigten Längen abgebrochen werden. Vorher wird jedoch die Dachlattung auf die Sparren geklebt.

◆ Als Dachlatten werden aus dem Material für den Bretterverschlag (ggf. Brettchen von Salatkisten) 0,5 bis 1 cm breite Streifen geschnitten. Sie werden dann mit Heißkleber quer über die gesamte Tiefe des Daches geklebt.

◆ Jeweils auf der linken und rechten Dachseite am unteren Sparrenende einen durchgehenden Streifen aufkleben.

◆ Jeweils einen Streifen links und rechts oben nahe des Firstes ankleben.

◆ Einen Streifen am oberen Ende der beiden Sparren über dem Vorbau ankleben.

◆ Auf der rechten Dachseite noch vier, auf der linken Dachseite noch drei Lattungen gleichmäßig verteilen.

- Vorbereitete Dachschindeln mit Heißkleber auf die Dachlattung kleben.
- Die Länge der Dachschindeln ergibt sich aus dem Abstand der Dachlatten plus 1 cm bis 2 cm.
- Dacheindeckung auf der rechten Dachseite mit der untersten Schindelreihe beginnen. Die Schindeln müssen auf den beiden unteren Latten aufliegen und sollen bis zum Sparrenende reichen. Schindel neben Schindel bis zum hinteren Sparren nebeneinander aufkleben.
- Die zweite Schindelreihe vorne mit einer halben Schindel beginnen (zur Vermeidung eines durchlaufenden Stoßes), dabei wird die untere Schindel ca. 1 cm weit überlappt. Schindelreihen abwechselnd mit einer ganzen und einer halben Schindel beginnen.
- Beide Seiten des Daches auf diese Weise eindecken.
- Am First sollen die Schindeln der rechten und linken Dachhälfte zusammenstoßen.
- Firstkappe z. B. aus einem halbierten Holunderast (ø ca. 2 cm), dessen Mark entfernt wurde, herstellen unc über die gesamte Breite des Daches kleben.

Fertigstellung der Krippe für alle Varianten und Größen

- Nach der Fertigstellung des Daches wird dieses zusammen mit dem Bretterverschlag gebeizt.
- Die Anfertigung einer Tür für den Stall erfolgt auf die gleiche Art wie sie für die Krippe C auf Seite 36 („Herstellung und Befestigung der Tore am linken Anbau“) beschrieben ist.
- Nach der Ausgestaltung der Grundplatte und des Daches (Seite 61) sowie weiterer Details ist die Krippe fertiggestellt.

Krippe A, Vorbau mit verputzter Mauer

Krippe A, kleinere Variante mit Steinmauer

Krippe A, kleinere Variante

1 Die kleinere Variante der Krippe A unterscheiden sich lediglich in der Größe der Bauteile und in den Montagemaßen von dem größeren Modell. Daher ist für das kleinere Modell A die nachfolgende Stückliste und die Montageskizze auf den Seiten 19 und 20 maßgebend. Für die Montage wird jedoch auch die Anleitung für die größere Variante verwendet (siehe Seite 11 ff).

2 Für die kleinere Variante ist der Zeitaufwand und der Platzbedarf etwas geringer als bei der größeren Variante. Natürlich kann auch der kleinere Krippenstall auf eine große Grundplatte gestellt werden.

4 Maße der Krippe: Die kleinere Krippe hat eine Breite von ca. 54 cm, eine Tiefe von 40 cm und eine Höhe von 24 cm (Stall ohne Grundplatte).

5 Die Grundplatte sollte nicht kleiner als 65 cm x 60 cm sein.

6 Krippenfiguren: Sie ist geeignet für Figuren von 8 cm bis 11 cm Höhe.

7 Zusätzlich kann jeder Krippenstall auf ein etwas erhöhtes Gelände gestellt werden. Lesen Sie dazu mehr in „Geländeoberfläche" auf Seite 5.

Stückliste für Krippe A, kleinere Variante:

Nr.	Bezeichnung	Profil/Material (Maße in cm)	Maße in cm	Anzahl
1	Tragebalken	Vierkant	2 x 4 x 14	2
2	Pfette	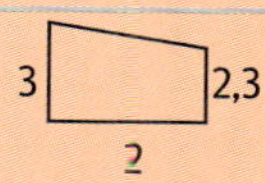	2 x 3 x 27	1
3	Pfette	wie Pfette Nr. 2	2 x 3 x 38	2
4	Querbalken	Vierkant	2 x 2 x 24	2
5	Tragebalken	Vierkant	2 x 2 x 14	3
6	Tragebalken	Vierkant	2 x 2 x 8	2
7	Firstträger	Vierkant	2 x 2 x 4	2
8	Firstbalken	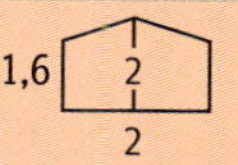	2 x 2 x 27	1
9	Strebe	Vierkant	1,5 x 1 x 5	2
10	Sparren	Vierkant	1,5 x 1 x 23	10
11	Sparren	Viekant	1,5 x 1 x 25	5
12	Sparren	Vierkant	1,5 x 1 x 30	2
13	Querholm	Vierkant	1,5 x 1 x 24	2
14	Querholm	Vierkant	1,5 x 1 x 16	2
15	Querholm	Vierkant	1,5 x 1 x 25	2
16	Querholm	Vierkant	1,5 x 1 x14	2
17	Stallwand	Brett	14 x 9 x 1	1
18	Stallwand	Brett	16 x 16 x 1	1
19	Randleiste	Vierkant	1,5 x 0,6 x 60	4
20	Grundplatte	Pressspan	50 x 60 x 0,8	1

- Für die Variante mit Steinmauer (Seite 18) werden in der obigen Stückliste die beiden Stallwände 17 und 18 nicht benötigt.
- Das Werkzeug und sonstige Material, das Sie benötigen, ist auf Seite 4 aufgeführt.
- Zusätzlich benötigen Sie für Holzverschläge und Dacheindeckung pro Krippe Bretter von ca. 4 bis 6 Salat- oder Obstkisten (vgl. Seite 4).

Montageskizze Krippe A, kleinere Variante

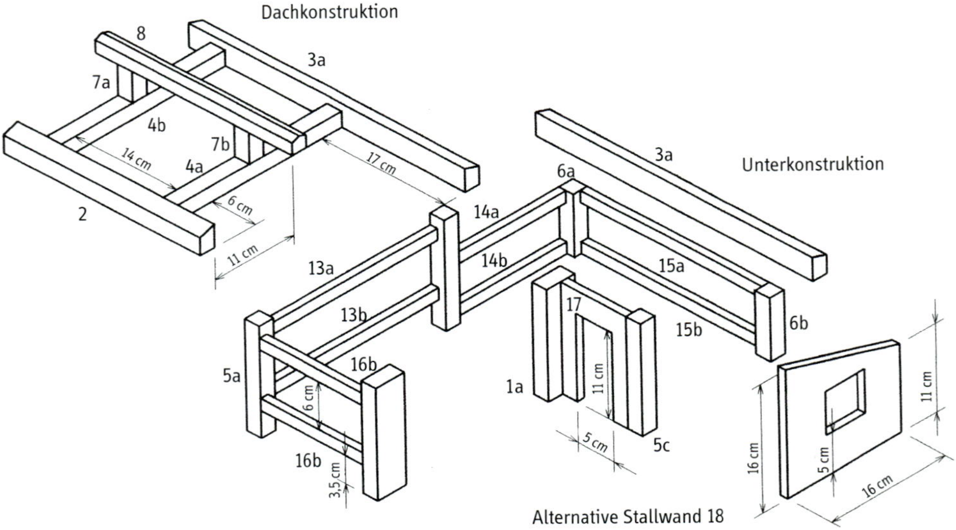

Materialbedarf in laufenden Metern:

Vierkant-Leisten	lfd. M.
2,0 cm x 4,0 cm	0,3
2,0 cm x 3,0 cm	1,1
2,0 cm x 2,0 cm	1,4
1,5 cm x 1,0 cm	6,3
1,5 cm x 0,6 cm	3,0

Krippe B

→ kleine Stallkrippe mit geringem Aufwand

WEITERFÜHRUNG

Krippe B

Stückliste:

Nr.	Bezeichnung	Profil/Material (Maße in cm)	Maße in cm	Anzahl
1	Tragebalken	Vierkant	2 x 2 x 17	2
2	Tragebalken	Vierkant	2 x 2 x 4	2
3	Querbalken	Vierkant	2 x 2 x 31	2
4	Pfette rechts	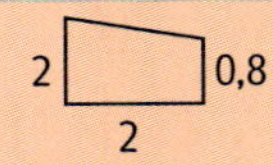	2 x 2 x 20	1
5	Firstbalken	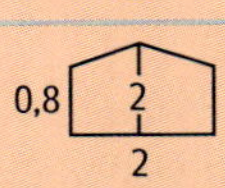	2 x 2 x 20	1
6	Pfette links	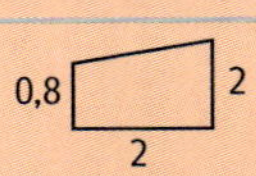	2 x 2 x 20	1
7	Stallwand	Pressspan	13 x 13 x 1	2
8	Stallwand	Pressspan	16 x 13 x 1	2
9	Firstträger	Vierkant	1,5 x 1,5 x 9,5	2
10	Querholm	Vierkant	1,2 x 0,8 x 12	2
11	Querholm	Vierkant	1,2 x 0,8 x 18	1
12	Sparren	Vierkant	1,2 x 0,8 x 26	8
13	Grundplatte	Pressspan	45 x 35 x 0,8-1	1
14	Randleisten	Vierkant	0,5 x 2 x 47	2
15	Randleisten	Vierkant	0,5 x 2 x 38	2

Die Werkzeuge und sonstigen Materialien, die Sie benötigen, sind auf Seite 4 und 5 aufgeführt. Zusätzlich benötigen Sie für Holzverkleidung, Heuboden und Dacheindeckung Bretter von ca. 4 bis 6 Salat- oder Obstkisten (vgl. Seite 4).

Montageskizze Krippe B

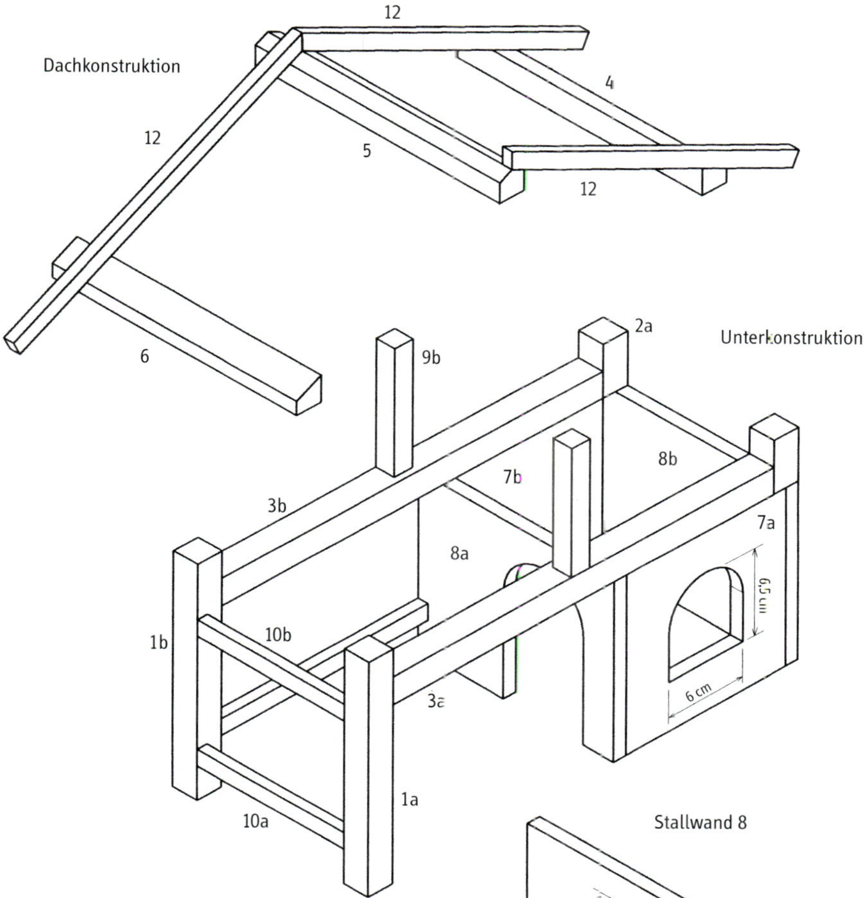

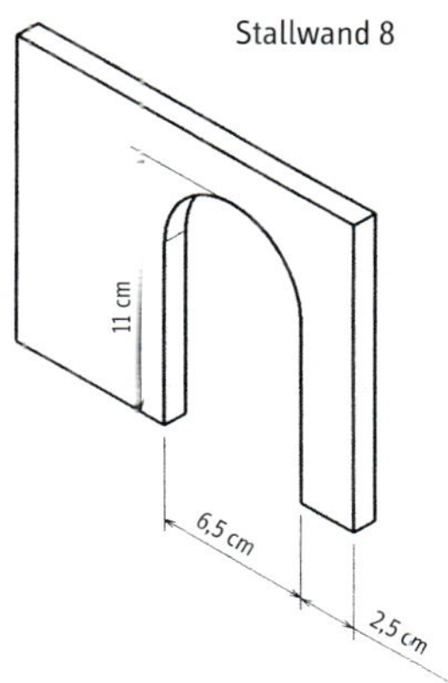

Materialbedarf in laufenden Metern:

Vierkant-Leisten	lfd. M.
2,0 cm x 2,0 cm	1,7 m
1,5 cm x 1,5 cm	0,2 m
1,2 cm x 0,8 cm	3,5 m
0,5 cm x 2,0 cm	1,8 m

Montage Krippe B

Unterkonstruktion

- Die Stallwände (Türe und Fenster) mit der Stichsäge ausschneiden (Maße bitte der Montageskizze auf Seite 23 entnehmen).

- Stallwände 7 und 8 außen bündig und rechtwinklig zusammenschrauben. Der Stall ist 15 cm breit und 16 cm tief.

- Die beiden Tragebalken 1 und 2 mit den jeweiligen Querbalken 3 wie in der Montageskizze zu sehen verschrauben. Vor dem Zusammenbau werden die Schnittkanten und Schnittflächen mit Messer und Drahtbürste bearbeitet (vgl. Seite 4/5).

- Die beiden Firstträger 9 mittig auf den Querbalken 3 befestigen. Von unten anschrauben.

- Beide fertig gestellten Träger auf Stallwände 7 auflegen und von oben verschrauben. Dabei sind die Querbalken 3 außen bündig mit den Stallwänden 7.

- Beide Querholme 10 zwischen die beiden Tragebalken 1 einfügen und von außen verschrauben. Bohren Sie dafür die Tragebalken 1a und 1b zum Verschrauben mit einem 3 mm-Bohrer vor und senken Sie die Bohrungen von außen etwas an. Die Oberkante des Querholms 10b ist in der Höhe der Stallwände 7 und 8 anzubringen (13 cm). Die Höhe des Querholms 10a ist beliebig (ca. 3 cm).

- Querholm 11 zwischen Tragebalken 1b und Stallwand 8a einfügen und verschrauben. Die Höhe des Querholms ist beliebig (ca. 3 cm).

- Die beiden Pfetten 4 und 6 werden in ihrer ganzen Länge auf ca. 40° mit einem Messer angeschrägt. Der Firstbalken 5 wird auf zwei Seiten angeschrägt (Profile siehe Stückliste Seite 22). An den Überständen der drei Pfetten (vorne 3 cm, hinten 1 cm) werden die Schnittflächen und Schnittkanten mit einem Messer, einer Drahtbürste und Schleifpapier bearbeitet.

- Die beiden Pfetten 4 und 6 auf den jeweiligen Tragebalken und den Firstbalken auf den beiden Firstträgern befestigen. Dabei Pfette 6 auf beide Tragebalken 1 legen und von oben verschrauben (Überstand nach vorne ca. 3 cm). Pfette 4 auf beide Tragebalken 2 legen und ebenfalls von oben verschrauben (Überstand nach vorne ca. 3 cm). Firstbalken 5 auf beide Firstträger 9 legen und von oben verschrauben (Überstand ca. 3 cm).

- Stallwände innen und außen mit einer ca. 2 mm dicken Gipsschicht bestreichen. Dafür die Stallwände vorher mit wasserverdünntem Leim bestreichen, Moltofill in einem Gefäß cremig anrühren und reichlich Holzleim beimischen. Gipsmasse mit Spachtel auf die Stallwände auftragen. Nach dem Trocknen Stallwände je nach Geschmack etwas patinieren (vgl. Seite 4/5).

◆ Rohbau auf der Grundplatte rechtwinklig ausrichten und von unten an den Tragebalken und der Stallwand verschrauben. Dabei beträgt der Abstand der Stallwand zum hinteren Rand der Grundplatte ca. 4 cm. Seitlich kann der Stall je nach Gefallen nach links oder rechts versetzt angebracht werden.

◆ Nun werden alle Holzteile gebeizt. Bringen Sie die Beize mit dem Pinsel nicht zu satt auf (vgl. Seite 4/5).

Einbau des Heubodens

◆ Für den Heuboden Brettchen von Salatkisten (ca. 1 cm bis 2 cm breit, vgl. Seite 4/5) so in die Länge schneiden, dass sie auf die beiden Querbalken 3 gelegt und mit Heißkleber angeklebt werden können.

Dachkonstruktion

◆ Im Anschluss werden die Dachsparren aufgeklebt. Sparren 12 paarweise hochkant vom Firstbalken 5 zu Pfette 4 bzw. Pfette 6 legen und mit Heißkleber befestigen. Stirnseiten der Sparren so anschrägen, dass sie bündig zusammenstoßen. Vorderes Sparrenpaar bündig mit den vorderen Enden der Pfetten und des Firstbalkens aufkleben.

◆ Die Sparrenüberstände an den Pfetten 4 und 6 betragen 3 cm bis 4 cm. Sie werden mit Messer und Drahtbürste bearbeitet (vgl. Seite 4/5). Das hintere Sparrenpaar schließt außen mit der Stallmauer 7b und dem Querholm 11 ab. Das zweite Sparrenpaar von vorne verläuft direkt über der vorderen Stallwand und dem Tragebalken 3a. Das letzte Sparrenpaar wird mittig zwischen dem zweiten und hinteren Sparrenpaar aufgeklebt.

Anbringen der Holzverkleidung

◆ Für den Bretterverschlag werden wie auch für den Heuboden Brettchen von Obst- oder Salatkisten verwendet (vgl. Seite 4/5).

◆ Die Verschlagbretter (ca. 1 cm bis 2 cm breit) werden auf den äußeren Sparren, Querbalken bzw. Pfetten und den darunter liegenden Querholmen mit der Heißklebepistole befestigt.

Dacheindeckung

◆ Für die Dacheindeckung werden zuerst auf jeder Dachseite vier Dachlatten quer über die Sparren 12 geklebt. Die Dachlatten bestehen aus ca. 1 cm breiten und 1 mm bis 2 mm dicken Streifen, die in der Länge mit den Pfetten abschließen (z. B. Furnierreste vom Schreiner).

◆ Die oberste Dachlatte wird auf jeder Dachhälfte soweit oben wie möglich am First, die unterste Dachlatte ca. 1 cm vom unteren Ende der Dachsparren angebracht. Die beiden restlichen Dachlatten werden gleichmäßig auf der jeweiligen Dachseite verteilt.

◆ Für das Schindeldach verwenden Sie die gleichen Bretter wie für den Bretterverschlag. Sie sollen 4 cm bis 6 cm breit sein und in der Länge etwas mehr als über zwei Dachlatten reichen.

Montage Krippe B, Dacheindeckung

◆ Wenn der Eindruck eines möglichst alten Daches erweckt werden soll, brechen Sie die Bretter in ihrer Länge einfach ab.

◆ Beginnen Sie bei der Dacheindeckung mit der unteren Schindelreihe. Schindeln nebeneinander auf die unteren zwei Dachlatten legen und mit Heißkleber festkleben. Sie sollten seitlich mit dem Dachsparren abschließen. Beginnen Sie die Schindelreihen abwechselnd mit einer ganzen und einer halben Schindel, um einen durchlaufenden Stoß zu vermeiden.

◆ Die zweite Schindelreihe überlappt die darunter liegende Reihe um ca. 2 cm. Die oberste Schindelreihe jeder Dachseite stößt am First zusammen. Als Firstkappe kann ein ca. 2 cm starker, gerader und halbierter Holunderzweig dienen, dessen Mark entfernt wurde und der über die gesamte Dachtiefe aufgeleimt wird.

◆ Nach der Fertigstellung des Daches und des Bretterverschlags kann beides gebeizt werden (vgl. Seite 4/5).

Gestaltung der Grundplatte

◆ Die Gestaltung der Grundplatte mit Streumaterial, Stroh, Baumrinde, Moos und dergleichen ist auf Seite 61 beschrieben. Zur Ausgestaltung der Krippe lesen Sie bitte auch Seite 61 ff.

Elektrische Beleuchtung

◆ Zum Aufhängen einer Stalllaterne wird in den Heuboden ein kleiner Haken gedreht. Führen Sie das Stromkabel durch die rückwärtige Stallwand (evtl. nochmals ein Brett entfernen und dann neu ankleben) und schließen Sie dort eine Batterie oder einen Trafo an. Laternen und Trafos sind auf Weihnachtsmärkten oder im Baumarkt erhältlich.

Krippe C

→ Warum nicht etwas Besonderes ?

Krippe C, mit Mauerwerk oder mit Bretterverschlag

1 Diese Krippe besteht aus einer länglichen Scheune mit Stall und einem seitlichen Anbau.

2 Der rechtwinklige Grundriss des Stalles, das mit Schindeln gedeckte Satteldach, der Heuboden sowie der an der Längsseite gelegene Zugang sind zweckmäßig und für den ländlichen Raum, besonders für das Voralpenland, typisch. Solch ein Gebäude wird auf Hofstellen als Scheune oder Geräteschuppen oder in freier Landschaft als Heuschober oder Unterstand und Stall für das Weidevieh verwendet.

Krippe C

3 Die Scheune kann im unteren Bereich in **zwei Varianten** gebaut werden: **mit Mauerwerk** (Bild Seite 38/39) oder **mit Bretterverschlag** (Bild Seite 27). Größe und Aufwand unterscheiden sich bei den beiden Varianten kaum voneinander. Entscheiden Sie also ganz nach Ihrem Geschmack, welche Variante Ihnen am besten gefällt!

4 Maße der Krippe: Die Größe dieser Krippe beträgt bei beiden Varianten 56 cm x 24 cm. Sie ist 27 cm hoch.Die Grundplatte ist ca. 70 cm x 55 cm groß.

5 Krippenfiguren: Die Krippe eignet sich für Figuren von 10 cm bis 13 cm Größe.

6 In der nachfolgenden Bauanleitung wird der Zusammenbau der Krippe sorgfältig beschrieben. Ihr bastlerisches Können sollte so sein, dass Ihnen der Umgang mit dem benötigten Werkzeug und dem Material nicht vollständig fremd ist.

7 Wenn Sie sich für eine der beiden Varianten entschieden haben, sollten Sie in jedem Fall vor dem Materialeinkauf das Kapitel „Bevor es losgeht" (Seite 4/5) lesen.

8 Das Werkzeug und sonstige Material, das Sie benötigen, ist auf Seite 4 aufgeführt.

9 Zusätzlich benötigen Sie für beide Varianten dünne Lederstreifen für die Holztore sowie pro Krippe Bretter von 4 bis 6 Obst- oder Salatkisten (vgl. Seite 4/5) für Heuboden, Holzverkleidung und Dacheindeckung.

Materialbedarf für Variante mit Bretterverschlag in laufenden Metern:

Vierkant-Leisten	lfd. M.
2,0 cm x 2,0 cm	3,5
2,0 cm x 1,0 cm	0,25
1,5 cm x 1,0 cm	2,7
1,5 cm x 1,5 cm	0,5
1,5 cm x 0,8 cm	3,0
1,0 cm x 1,0 cm	1,0
1,5 cm x 0,5 cm	2,6
0,75 cm x 0,75 cm	1,8

Bei der **Variante mit Mauerwerk** werden von den Vierkant- Leisten 1,5 cm x 1,0 cm nur 0,6 lfd. M. benötigt. Anstatt der Vierkant-Leiste nehmen Sie ein Presspan-Brett von 13 cm x 1 cm x 120 cm (Mauer).

Stückliste für beide Varianten (mit Mauerwerk bzw. mit Bretterverschlag):

Nr.	Bezeichnung	Profil/Material (Maße in cm)	Maße in cm	Anzahl
1	Tragebalken	Vierkant	2 x 2 x 20	6
2	Tragebalken	Vierkant	2 x 2 x 12	2
3	Tragebalken	Vierkant	2 x 1 x 10,5	2
4	Brett für Mauer	Pressspan	20 x 13 x 1	3
oder	Querholm	Vierkant	1,5 x 1 x 20	5
5	Brett für Mauer	Pressspan	15 x 13 x 1	2
oder	Querholm	Vierkant	1,5 x 1 x 15	4
6	Brett für Mauer	Pressspan	20 x 13 x 1	1
oder	Querholm	Vierkant	1,5 x 1 x 20	2
7	Pfette		2 x 2 x 23	2
8	Querholm	Vierkant	1,5 x 1 x 15	1
9	Pfette		2 x 2 x 44	2
10	Querbalken	Vierkant	1,5 x 1,5 x 20	2
11	Firstbalken	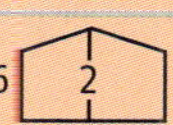	2 x 2 x 45	1
12	Firstträger	Vierkant	1,5 x 1,5 x 3	2
13	Sparren	Vierkant	1,5 x 0,8 x 18	12
14	Sparren	Vierkant	1,5 x 0,8 x 21	3
15	Querholm	Vierkant	1,5 x 1 x 14	3
16	Streben	Vierkant	1 x 1 x 12	4
17	Stützbalken	Vierkant	1,5 x 1 x 11	1
18	Rahmenholz	Vierkant	1 x 1 x 15	3
19	Bodenbalken	Vierkant	0,75 x 0,75 x 30	6
20	Leisten für Grundplatte	Vierkant	1,5 x 0,5 x 66	4
21	Grundplatte	Vierkant	70 x 55 x 1	1a

Montageskizze Krippe C, Variante mit Mauerwerk

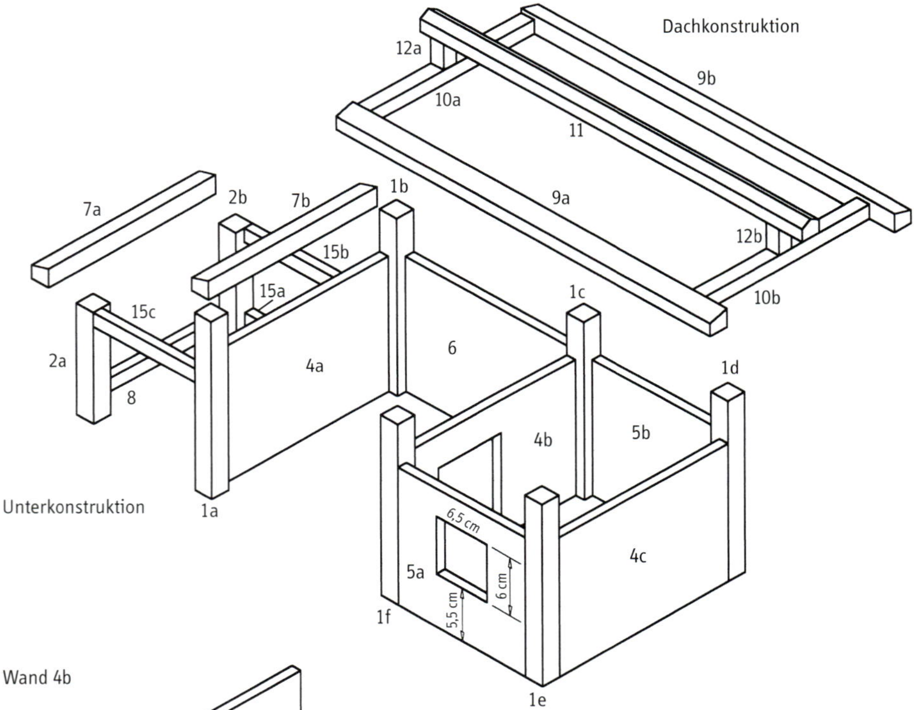

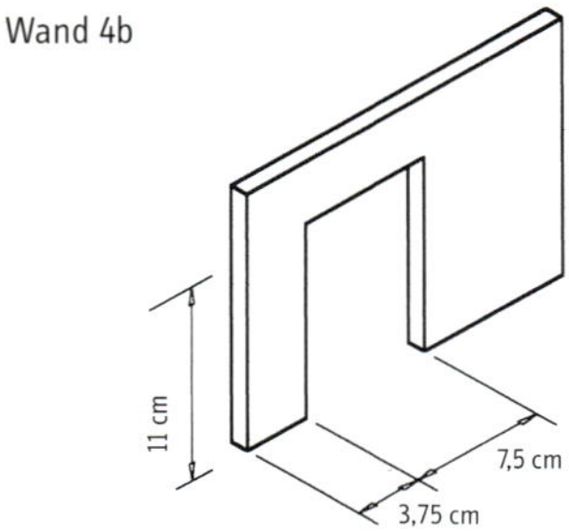

Montage Krippe C, Variante mit Mauerwerk

Unterkonstruktion

◆ Sägen Sie die Tür und das Fenster aus den Stallwänden 4b und 5a. Vorher wird zum Ansetzen der Stichsäge eine Bohrung (ø ca. 9 mm) im Fenster vorgenommen. Maße von Fenster und Tür siehe Montageskizze. Die Schnittflächen evtl. mit Holzraspel nachbearbeiten.

◆ Rechte Krippenhälfte: Tragebalken 1c bis 1f mit den Stallwänden 5a und 5b sowie 4b und 4c außen bündig verschrauben. Dabei Holzschrauben (35 mm x 3 mm) verwenden, Schraubenköpfe versenken, etwas Holzleim verwenden. Die Wände rechtwinklig ausrichten.

◆ Linke Krippenhälfte: Tragebalken 1a, 1b und 1c mit den Stallwänden 4a und 6 wie oben beschrieben zusammenbauen. Zum Zusammenbau der beiden Hälften Stallwand 6 mit schräg von außen angebrachten Schrauben an Tragebalken 1c befestigen. Nach dem Zusammenbau nochmals rechtwinklig ausrichten.

◆ Stallwände anschließend außen und innen mit einer ca. 2 mm dicken Gipsschicht bestreichen. Dazu die Stallwände vorher mit wasserverdünntem Holzleim bestreichen. Danach Moltofill (längere Verarbeitungszeit) mit reichlich Holzleim und Wasser zu einer cremigen Masse verrühren und mit Spachtel aufbringen. Die äußeren Seiten der Tragebalken nicht bestreichen (evtl. mit Klebeband abdecken).

◆ Fertige Unterkonstruktion nach dem Trocknen auf der Grundplatte ausrichten und von unten mit den Tragebalken auf die Grundplatte schrauben. Markieren Sie vor dem Anschrauben die genaue Lage der Tragebalken: Abstand der Tragebalken 1a und 1b vom linken Rand der Grundplatte ca. 21 cm, Abstand der Tragebalken 1b, 1c und 1d zum hinteren Rand der Grundplatte ca. 6 cm. Schraubenköpfe unten in der Grundplatte versenken.

◆ Sie können die Stallwände außen patinieren (Patina im Bastelfachgeschäft erhältlich). Führen Sie in jedem Fall vorher eine Probepatinierung durch!

◆ Für den Anbau an der linken Giebelseite werden die beiden Tragebalken 2a und 2b mit dem Querholm 8 zusammengeschraubt. Der Abstand von Querholm 8 zur unteren Stirnseite der Tragebalken beträgt dabei 2 cm. Befestigen Sie die zusammengeschraubten Tragebalken wie vorher die Unterkonstruktion auf der Grundplatte. Der

Montage Krippe C

Abstand des vorderen Tragebalkens 2a zum hinteren Rand der Grundplatte ist 28 cm, der Abstand der Tragebalken 2a und 2b zu den Tragebalken 1a und 1b ist 14 cm.

◆ Beide Pfetten 7a und 7b werden mit einem scharfen Messer auf der ganzen Länge in einem Winkel von ca. 45° angeschrägt (Profil siehe Stückliste Seite 29). Schnittkanten und -flächen an den Pfettenenden mit Messer und Bürste bearbeiten.

◆ Pfette 7a von oben auf die Tragebalken 2a und 2b schrauben. Der Überstand beträgt vorne 2 cm.

Dachkonstruktion

◆ Die beiden Pfetten 9a und 9b sowie den Firstbalken 11 in der ganzen Länge anschrägen (Maße und Profile siehe Stückliste Seite 29). An den Enden die Schnittkanten und -flächen mit Messer und Bürste bearbeiten.

◆ Pfetten 9a und 9b mit Querbalken 10a und 10b verschrauben. Dabei wird der Querbalken 10a bündig mit der Stirnseite der beiden Pfetten verschraubt, der Querbalken 10b wird im Abstand von ca. 3 cm von den Stirnseiten angebracht (Innenmaß 37 cm).

◆ Firstträger 12a und 12b mittig von unten auf die beiden Querbalken schrauben.

◆ Firstbalken 11 von oben auf die beiden Firstträger 12 schrauben. Dabei beträgt der Überstand des Firstbalkens beim Querbalken 10b 3 cm, auf der anderen Seite 1 cm. Die Enden des Firstbalkens wieder mit Messer und Bürste bearbeiten.

◆ Wenn man den Eindruck eines schiefen, eingedrückten Daches verstärken möchte, können für die Dachkonstruktion auch dürre, entsprechend gebogene Äste (im Wald zu finden) verwendet werden. Die Äste sollten einen Durchmesser von 2 cm bis 2,5 cm haben und sehr trocken sein.

◆ Die fertige Dachkonstruktion auf die Tragebalken der Unterkonstruktion legen und von oben festschrauben. Dabei müssen die Außenkanten der Pfetten und Querbalken bündig mit den Außenkanten der Tragebalken abschließen. Die Überstände der beiden Pfetten 9 und des Firstbalkens bilden den Dachüberstand.

Einbau des Heubodens

◆ Für den Heuboden werden die Bodenbalken 19 mit Heißkleber im gleichmäßigen Abstand zueinander auf die Stallwände 4b und 4c geklebt. An der Stallwand 4b sollten sie 3 cm bis 4 cm überstehen, an der Stallwand 4c werden sie bündig abgelängt. Für den Treppenauftritt sollen zwei Bodenbalken im Bereich der Luke ca. 7 cm über die Stallwand 4c hinausragen.

◆ Die Heubodenbretter (Bretter aus Obst- oder Salatkisten ca. 1 cm bis 2 cm breit schneiden, vgl.

Seite 4) quer auf die Bodenbalken kleben. Überstand nur zur Stallwand 4b und im Bereich des Treppenauftritts.

◆ Der Heuboden und die von innen zu streichenden Flächen der Querholme und Tragebalken werden bereits jetzt gebeizt.

Anbringen der Dachsparren

◆ Die Sparren 13 werden hochkant und paarweise vom Firstbalken 11 zur Pfette 9a bzw. 9b gelegt und mit Heißkleber befestigt. An den Stirnseiten werden sie so angeschrägt, dass sie bündig zusammenstoßen. Der Dachüberstand der Sparren beträgt 2 cm bis 3 cm. Jeweils ein Sparrenpaar wird außen bündig und genau über den Querbalken 10a und 10b angeklebt. Sparren, Querbalken und Mauer bilden außen eine senkrechte Linie, auf die später die Holzverkleidung geklebt wird.

◆ Restliche Sparren gleichmäßig auf die Dachlänge verteilen und ankleben. Dachüberstände der Sparren vor dem Aufkleben wieder mit Messer und Drahtbürste bearbeiten.

Anbringen der Holzverkleidung auf der linken Giebelseite

◆ Bevor der linke Anbau gefertigt werden kann, muss der Bretterverschlag an der linken Giebelseite angebracht werden. Dazu werden wieder die Bretter von Obst- oder Salatkisten verwendet, die 1 cm bis 2 cm breit zurechtgeschnitten werden (vgl. Seite 4).

◆ Nach dem Anpassen und Zuschneiden in die richtige Länge befestigen Sie sie mit Heißkleber am äußeren Sparren und am Querbalken 10a sowie an der Mauer. Die Bretter dürfen oben nicht über die Sparren hinausragen und sollten unten den oberen Mauerrand 1 cm bis 2 cm überlappen.

Linker Anbau

◆ Nach dem Anbringen des Bretterverschlags werden die beiden Tragebalken 3a und 3b außen an die Mauer der linken Giebelseite geklebt. Sie werden parallel zu den beiden Tragebalken 2a und 2b angebracht. Diese Tragebalken 3a und 3b sind auf der Montageskizze auf Seite 30 nicht sichtbar, da sie an der Außenseite der Stallwand 4a sitzen.

◆ Nun werden die Querholme 15 eingepasst und angeklebt. Legen Sie dazu die Querholme 15c und 15b hochkant auf die Tragebalken 3a bzw. 3b und

Montage Krippe C

verschrauben Sie sie bündig mit der Außenseite des jeweiligen Tragebalkens 2a bzw. 2b. Querholm 15a etwas kürzen und ebenfalls mit der Außenseite des Tragebalkens 2b bündig verschrauben (Abstand zur Grundplatte ca. 3 cm).

Einbau des Heubodens im Anbau

◆ Verwenden Sie dieselben Bretter wie für die linke Giebelseite. Bretter auf die Querholme 15c und 15b mit Heißkleber kleben. Dabei beträgt der Überstand vorne nur im Bereich der Dachbodenluke ca. 4 cm. Die Dachbodenluke ist ca. 6 cm breit und etwas nach rechts versetzt. Beim Querholm 15b stehen die Bretter nicht über.

◆ Heuboden beizen.

◆ Die bereits angeschrägte Pfette 7b parallel zur Pfette 7a am Bretterverschlag der Giebelseite mit Heißkleber befestigen. Der Abstand der Pfette 7b zur Grundplatte beträgt ca. 18 cm.

◆ Sparren 14 auf die angeschrägten Pfetten 7 kleben. Die Stirnseite der Sparren werden dazu so schräg geschnitten, dass sie bündig an den Bretterverschlag geklebt werden können. Die Sparrenüberstände betragen ca. 3 cm. Sie werden wieder mit Messer und Bürste bearbeitet. Der vorderste Sparren wird direkt über dem Querholm 15c angebracht. Der hintere Sparren befindet sich über den beiden Querholmen 15a und 15b. Den dritten Sparren in der Mitte der beiden äußeren Sparren anbringen.

◆ Zwischen den vorderen Dachsparren und dem Heuboden zwei senkrechte Rahmenhölzer 18 als Rahmen für die Dachluke einpassen und einkleben. Dachluke etwas nach rechts versetzt anbringen. Sie ist ca. 6 cm breit.

Beizen

◆ Nach Fertigstellung des Rohbaus kann er gebeizt werden. Vorher sollten jedoch noch einige Stützbalken und Streben eingebaut werden. Alle Stützbalken und Streben werden zuerst mit Messer und Drahtbürste bearbeitet.

◆ Stützbalken 17 zwischen Heuboden und Firstbalken einpassen und einkleben. Der Stützbalken kann mit zwei Streben 16 beliebig schräg versteift werden.

◆ Es können auch nach Wunsch schräge Streben vom Tragebalken 1a und 1f zur Dachpfette 9a eingebaut werden.

◆ Für einen Heubodenzugang auf der rechten Giebelseite passen Sie zwischen dem Heuboden und dem Querbalken 10b zwei senkrechte Rahmenhölzer 18 als Rahmen für die Luke ein. Die Luke ist ca. 6 cm breit. Nun kann mit dem Beizen begonnen werden (vgl. Seite 5). Flächen, an die später das Dach (Oberseite der Dachsparren) oder der Holzverschlag geklebt werden, nicht mitbeizen. Auch die Außenflächen der Tragebalken, die mitverkleidet werden, werden nicht gebeizt.

Anbringen des Bretterverschlags

◆ Nach dem Beizen wird der Bretterverschlag angebracht. Die Bretter (Bretter von Obst- oder Salatkisten, vgl. Seite 4) werden wie bereits an der Giebelseite zugeschnitten, abgelängt und mit Heißkleber an den Querholmen, Pfetten und Dachsparren festgeklebt. Der Verschlag darf an den Dachsparren nicht überstehen. Um die Schrauben an den Tragebalken zu verdecken werden auch diese mitverkleidet.

◆ Die Vorderfront kann zur Auflockerung über dem Fenster mit schmaleren Brettern und größeren Zwischenräumen gestaltet werden.

◆ Im Bereich der Dachluke am Anbau sollte der Verschlag senkrecht nur etwa bis zur Mitte des Querholms 15c reichen.

◆ Die senkrecht eingebauten Rahmenhölzer sowie die Rahmenhölzer für die Luke werden an der rechten Giebelseite bis zum inneren Rand mitverkleidet.

◆ Den Bretterverschlag danach beizen.

Dacheindeckung

◆ Zur Dacheindeckung mit Schindeln wird dasselbe Material wie für den Bretterverschlag verwendet. Diese Bretter von Obst- oder Salatkisten sollten jedoch ca. 5 cm breit sein.

◆ Für die Dachlattung, auf die später Schindeln geklebt werden, sind Reste von Holzfurnieren, die man beim Schreiner als Abfall erhält, gut geeignet.

◆ Furnierreste oder Ähnliches in ca. 1 cm breite Streifen schneiden und auf die ganze Länge des Stalles auf die Sparren kleben. Auf jeder Dachseite einen Streifen am unteren Sparrenende und einen Streifen möglichst nahe am Firstbalken aufkleben.

Montage Krippe C

◆ Zwischen den oberen und den unteren Streifen auf jede Dachseite zwei weitere Streifen in gleichmäßigen Abständen kleben (ausmitteln). Der Überstand der Streifen beträgt 2 cm bis 3 cm (= Dachüberstand).

◆ Aus den vorgeschnittenen Brettern Dachschindeln herstellen. Die Schindellänge ergibt sich aus dem Abstand der beiden Dachlatten plus 1 cm bis 2 cm. Bretter auf entsprechende Schindellänge über einer Tischkante abbrechen. Schindeln mit Heißkleber auf Dachlatten kleben, dabei mit der unteren Schindelreihe am linken oder rechten Dachende beginnen. Schindeln auf die beiden unteren Latten legen und mit Heißkleber aufkleben. Die Schindeln reichen bis zum Sparrenende. Verlegen Sie die unterste Schindelreihe vollständig. Die zweite Reihe liegt auf der dritten Dachlatte und überlappt die darunter liegende Reihe um 1 cm bis 2 cm. Beginnen Sie diese zweite Reihe mit einer halben Schindelbreite. Die dritte Reihe wird wieder mit einer ganzen Schindel begonnen. Damit wird ein durchlaufender Stoß der Schindeln am Dach vermieden.

◆ Die beiden Dachhälften und den Anbau auf diese Weise eindecken. Am Dachfirst stoßen die Schindeln der rechten und linken Dachhälfte zusammen.

◆ Als Firstkappe kann ein ca. 2 cm dicker Holunderzweig, der in der Mitte geteilt wurde und aus dem das Mark entfernt wurde, verwendet werden. Firstkappe mit Heißkleber aufkleben.

◆ Fertiges Dach ebenfalls beizen. Die weitere Gestaltung des Daches ist auf Seite 61 beschrieben.

Gestaltung der Grundplatte

Die Gestaltung der Grundplatte mit Streumaterial, Zäunen und dergleichen ist auf Seite 61 ff beschrieben.

Herstellung und Befestigung der Tore am linken Anbau

◆ An die Vorderfront des linken Anbaus werden ein Doppelflügeltor sowie eine Dachlukenklappe angebracht.

◆ Die Maße ergeben sich aus der lichten Weite der offenen Vorderfront (ca. 13 cm).

◆ Für die Tore und die Dachluke werden ca. 1 cm breite und 11 cm lange Bretterstreifen verwendet.

Holztore

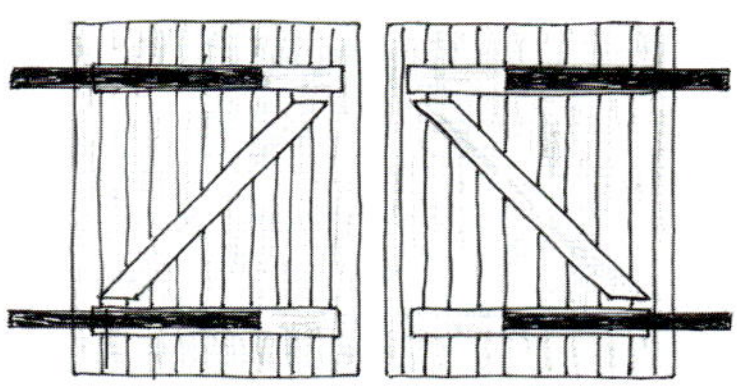

Lederscharniere

Dachluke

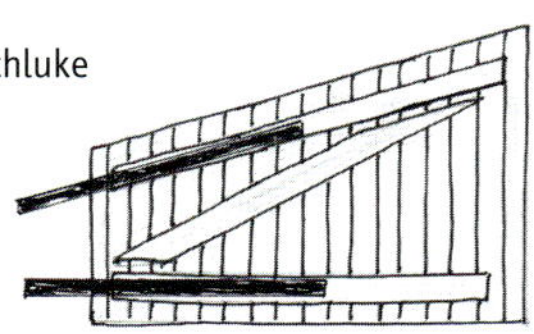

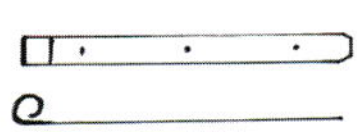

Scharniere aus Weißblech

Herstellung der Tore und der Luke

◆ Für den einen Torflügel werden die Bretterstreifen auf einer ebenen Unterlage bis zur entsprechenden Breite von 6,2 cm nebeneinander gelegt und ausgerichtet.

◆ Über die gesamte Torbreite im oberen und unteren Bereich quer einen weiteren Streifen kleben. Diagonal zwischen die beiden waagrechten Streifen einen dritten Streifen kleben.

◆ Die zweite Flügelseite und die Dachluke werden auf die gleiche Weise hergestellt.

Befestigung der Tore und der Luke

◆ Als Scharniere für die Tore und die Luke können Sie dünne Lederstreifen verwenden, die auf den waagrechten Streifen befestigt werden (vgl. Skizzen). Für die Befestigung am besten kleine Nägel verwenden oder die Lederstreifen ankleben. Das Befestigen der ca. 1 cm überstehenden Lederstreifen an der Tragebalken mit kleinen Nägeln ist mühsam und erfordert etwas Geduld.

◆ Die Scharniere können auch aus Weißblech (leere Konservendose) hergestellt werden. Dazu schneidet man mit einer Schere ca. 4 mm bis 5 mm breite und ca. 6 cm lange Streifen zurecht. Mit etwas Geschick wird aus dem einen Ende des Streifens ein kleines Scharnier gebogen. Das Scharnier wird mit zwei kleinen Nägeln auf den waagrechten Streifen des Tores befestigt. Zu lange Nägel werden auf der Rückseite mit dem Seitenschneider gekürzt und mit einem Tropfen Heißkleber „versiegelt". Das Scharnier sollte auf einer Seite ca. 0,5 cm überstehen.

◆ Als Angeln für die Scharniere werden ebenfalls kleine Nägel verwendet. Sie werden ca. 5 mm vor dem Kopf im rechten Winkel gebogen. Anschließend wird der Kopf des Nagels mit dem Seitenschneider entfernt. Die längere Seite der Angel wird – nachdem vorgebohrt wurde – mithilfe einer Flachzange in die Tragebalken 2a und 3a gedrückt.

◆ Die genaue Lage der Angeln sollten Sie vorher durch das Anpassen der Tore festlegen. Zur Ausgestaltung der Krippe lesen Sie auch Seite 61 ff.

WEITERFÜHRUNG

Krippe C

Krippe C, Variante mit Bretterverschlag

Die Stückliste für die **Variante mit Bretterverschlag** stimmt mit der Stückliste von Krippe C, Variante mit Mauerwerk, überein (vgl. Seite 29). Lediglich die Bretter für die Mauern 4, 5 und 6 werden durch die Querholme 4, 5 und 6 ersetzt.

Montage Krippe C, Variante mit Bretterverschlag

Der Zusammenbau der Krippe mit Bretterverschlag unterscheidet sich nur durch die Unterkonstruktion und durch das Anbringen des Bretterverschlags von der Variante mit Mauerwerk.

Unterkonstruktion

- Die Tragebalken 1a bis 1e werden mit den Querholmen 4, 5 und 6 verschraubt. Dabei wird jeweils die Breitseite der Querholme außen bündig an die Tragebalken angebracht. Die Tragebalken werden für die Schrauben vorgebohrt und die Schraubenköpfe werden später darin versenkt.

Baufortschritte im Bild

Unterkonstruktion auf Grundplatte schrauben

Eingebauter Heuboden und Dachkonstruktion

Dachsparren und Anbau

Montage Krippe C

Querholme 4b und 4c mit der Oberkante im Abstand von 13 cm zur Grundplatte anbringen.

◆ Querholm 5a mit der Oberkante im Abstand von 5,5 cm zur Grundplatte anbringen. Querholm 5b im Abstand von 6 cm zum darunter liegenden Querholm 5a anbringen. Restliche Querholme etwas versetzt zueinander anbringen.

Weitere Montage

◆ Die weiteren Montageschritte wie die Montage des Anbaus, die Montage der Unterkonstruktion auf die Grundplatte, die Montage der Dachkonstruktion und die weiteren Konstruktionen erfolgen auf die gleiche Art wie bei der Variante mit Mauerwerk. Sie sind ab Seite 31 („Fertige Unterkonstruktion nach dem Trocknen ...“) beschrieben.

Montageskizze, Krippe C, Variante mit Bretterverschlag

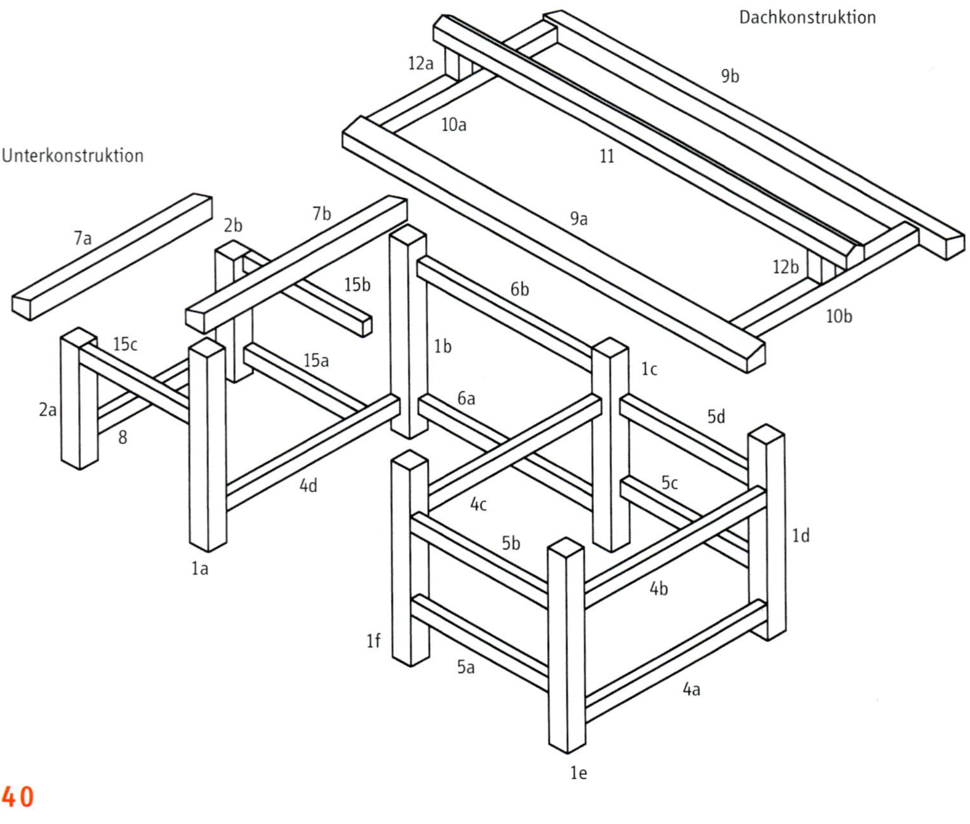

Krippe D

→ mit Liebe zum Detail

Krippe D, Variante mit Bretterverschlag

1 Die Krippe besteht aus einem Stallgebäude, einem darüber liegenden Heuboden sowie einer seitlich zurückversetzt angebrachten Scheune, die nach vorne offen ist. Das Satteldach ist als nach links verlaufendes Schleppdach ausgebildet und mit Schindeln eingedeckt. Diese Form entspringt zwar der Fantasie, sie könnte jedoch in den Alpenländern so angetroffen werden.

2 Auch diese Krippe kann in **zwei** Varianten ausgeführt werden. Bei der einen Variante wurde der Stall als Mauerwerk dargestellt, während die rückwärtige Scheunenwand mit einem Bretterverschlag ausgestattet wurde (Bild oben).

3 Bei der zweiten Variante wurde der ganze untere Bereich als Mauerwerk ausgebildet, wobei die Tragebalken sichtbar blieben (Bild Seite 49).

4 Der zeitliche Aufwand für den Bau der Krippe ist für beide Varianten etwa gleich.

5 Maße der Krippe: Diese Krippe ist bei beiden Varianten 43 cm breit, 29 cm tief und 28 cm hoch. Die Größe der Grundplatte beträgt 65 cm x 55 cm x 1 cm (Pressspanplatte).

6 Krippenfiguren: Für beide Krippenvarianten eignen sich Figuren von 10 cm bis 12 cm Höhe.

Das Werkzeug und sonstige Material, das Sie benötigen, ist auf Seite 4 aufgeführt. Zusätzlich benötigen Sie für beide Varianten für Heuboden, Bretterverschlag und Dacheindeckung pro Krippe Bretter von ca. 4 bis 6 Obst- oder Salatkisten (vgl. Seite 4/5).

Krippe D, Variante mit Bretterverschlag

Montageskizze

Materialbedarf in laufenden Metern:

Vierkant-Leisten	lfd. M.
2,2 cm x 2,2 cm	1,9
1,5 cm x 1,0 cm	3,8
1,0 cm x 1,0 cm	0,35
0,75 cm x 0,75 cm	1,6
1,0 cm x 0,5 cm	1,4

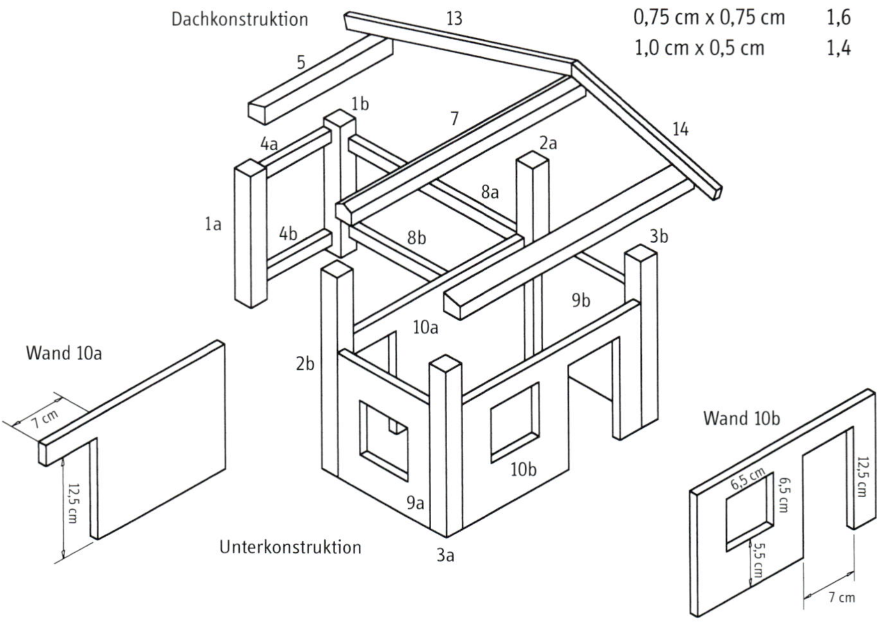

Stückliste für beide Varianten (mit Mauerwerk bzw. Bretterverschlag):

Nr.	Bezeichnung	Profil/Material (Maße in cm)	Maße in cm	Anzahl
1	Tragebalken	Vierkant	2,2 x 2,2 x 16	2
2	Tragebalken	Vierkant	2,2 x 2,2 x 24	2
3	Tragebalken	Vierkant	2,2 x 2,2 x 20	2
4	Querholm	Vierkant	1,5 x 1 x 10	2
oder	Stallwand	Pressspan	16 x 10 x 1	1
5	Pfette	1,5 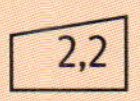 2,2	2,2 x 2,2 x 17,5	1
6	Pfette	2,2  2,2	2,2 x 2,2 x 32	1
7	Firstbalken	1,8 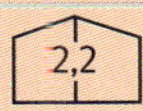 2,2	2,2 x 2,2 x 32	1
8	Querholm	Vierkant	1,5 x 1 x 24	2
oder	Stallwand	Pressspan	16 x 24 x 1 (dick)	1
9	Brett für Mauer	Vierkant	12,5 x 15 x 1	2
10	Brett für Mauer	Vierkant	24,5 x 15 x 1	2
11	Bodenbalken	Vierkant	0,75 x 0,75 x 21	3
12	Bodenbalken	Vierkant	0,75 x 0,75 x 43	2
13	Sparren	Vierkant	1,5 x 1 x 35	3
14	Sparren	Vierkant	1,5 x 1 x 24	5
15	Sparren	Vierkant	1,5 x 1 x 9	2
16	Stützbalken	Vierkant	1,5 x 1 x 9	1
17	Streben	Vierkant	1 x 1 x 11	3
18	Leisten für Fensterrahmen	Vierkant	1 x 0,5 x 28	2
19	Leisten für Türrahmen	Vierkant	1 x 0,5 x 35	2
20	Grundplatte	Pressspan	55 x 65 x 1	1
21	Leisten für Grundplatte	Vierkant	65 x 1,5 x 0,5	4

Montage Krippe D, Variante mit Bretterverschlag

Unterkonstruktion

◆ Türen und Fenster aus den Stallwänden 9a, 10a und 10b aussägen (Maße siehe Montageskizze, Seite 42). Zum Ansetzen der Stichsäge wird in die Fenster zuerst eine Bohrung (ø ca. 8 mm) angebracht. Konturen der Fenster und Türen evtl. mit Holzraspel nacharbeiten.

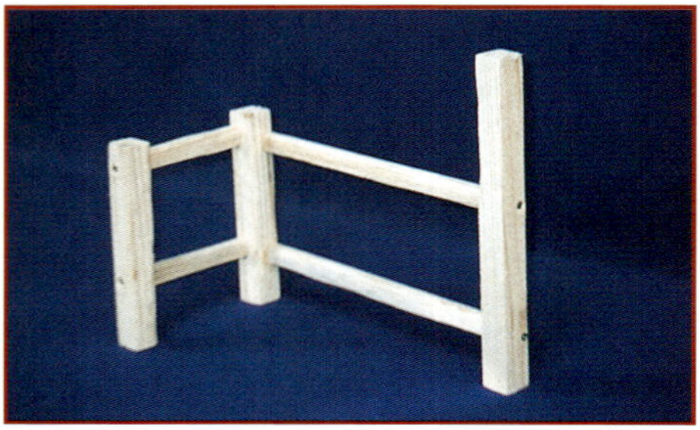

◆ Tragebalken 1a, 1b und 2a mit den Querholmen 4 und 8 verschrauben. Die Querholme werden hochformatig und außen bündig mit den Tragebalken eingebaut. Querholme mit Schrauben (35 mm x 3 mm) an die Tragebalken schrauben. Tragebalken vorher für Schrauben aufbohren (ø ca. 3 mm). Schraubenköpfe versenken. Etwas Holzleim beim Zusammenbau verwenden. Bei Querholmen 4 und 8 und Tragebalken 1b vor dem Zusammenbau alle sichtbaren Schnittkanten und Flächen mit Messer und Drahtbürste bearbeiten (vgl. Seite 5).

◆ Den unteren Querholm 4b ca. 3 cm von der unteren Stirnseite der Tragebalken entfernt anbringen.

◆ Den oberen Querholm 4a im Abstand von 1 cm von der oberen Stirnseite der beiden Tragebalken entfernt anbringen. Querholme 8 etwas versetzt anbringen.

◆ Tragebalken 3a und 3b sowie 2b außen bündig mit den Stallwänden 9a, 9b, 10a und 10b verschrauben. Die Tragebalken dafür vorher für die Schrauben vorbohren (ø ca. 3 mm) und die Schraubenköpfe versenken. Dabei etwas Holzleim verwenden.

◆ Tragebalken 2a mit jeweils zwei Schrauben an Stallwänden 9b und 10a befestigen.

◆ Unterkonstruktion rechtwinklig ausrichten.

Dachkonstruktion

◆ Pfetten 5 und 6 sowie Firstbalken 7 mit scharfem Messer oder Hobel in ganzer Länge anschrägen (Profil und Maße siehe Stückliste Seite 43).

◆ Pfetten und Firstbalken auf die entsprechenden Tragebalken legen und mit diesen von oben verschrauben. Die Schnittkanten und -flächen der Pfettenenden und des Firstbalkens werden mit Messer und Drahtbürste bearbeitet. Der Überstand der Pfetten nach hinten beträgt ca. 1 cm.

◆ Die Unterkonstruktion wird auf die Grundplatte geschraubt. Richten Sie dazu die Unterkonstruktion auf der Grundplatte aus und markieren Sie die Standorte der Tragebalken. Der Abstand zum hinteren und zum linken Plattenrand beträgt ca. 4 cm. Tragebalken von der Unterseite der Grundplatte anschrauben und Schraubenköpfe versenken.

Stallmauern

◆ Beide Stallwände 9 und 10 werden innen und außen mit einer ca. 2 mm dicken Gipsschicht bestrichen. Vorher werden die Wände mit wasserverdünntem Holzleim bestrichen. Moltofill (längere Verarbeitungszeit) mit Wasser cremig anrühren und reichlich Holzleim beimengen. Tragebalken bis zur Höhe des Mauerwerks mitverspachteln und anschließend trocknen lassen.

◆ Wenn Teile des Mauerwerks - wie auf den Bildern zu sehen - wie Ziegelmauern aussehen sollen, so bestreichen Sie diese Bereiche nochmals mit vorher entsprechend abgetönter Gipsmasse. Nach dem Antrocknen werden dann mit einem spitzen Gegenstand Ziegelsteine als Mauerwerk nachgezeichnet. Nach dem erneuten Trocknen wird an den Übergängen zum bereits vorhandenen Mauerputz nochmals eine Gipsschicht aufgebracht.

◆ Nach dem Trocknen der Stallwände werden sie außen patiniert (vgl. Seite 5).

Einbau des Heubodens

◆ Die beiden Bodenbalken 12 werden auf den Querholm 4a und die Stallmauern 10a und 10b gelegt und dort angeklebt. Ein Bodenbalken wird dabei neben den Tragebalken (1b, 2a und 3b) befestigt. Der zweite Bodenbalken wird neben den Tragebalken 1a geklebt und verläuft parallel zum anderen Bodenbalken.

◆ Die drei Bodenbalken 11 parallel zu den Balken 12 auf die beiden Stallwände legen und festkleben. Lassen Sie sie über der Stallwand 10a ca. 6 cm überstehen. Die Überstände der Balken werden mit Messer und Bürste bearbeitet.

◆ Nun wird der Bodenbelag (Heuboden) auf die Bodenbalken geklebt. Dafür werden 1 cm bis 2 cm breite Bretter von Obst- oder Salatkisten verwendet (vgl. Seite 4). Der Bodenbelag darf an den Stallwänden nicht überstehen. Decken Sie Stall und Scheune vollständig.

Heuboden mit Stützbalken

Montage Krippe D

◆ Zwischen dem Heuboden und dem Firstbalken in der Mitte den Stützbalken 16 einpassen und festkleben.

◆ Streben 17 neben Stützbalken 16 schräg nach oben zum Firstbalken beliebig einkleben. Balken und Streben vorher mit Messer und Bürste bearbeiten.

Anbringen der Dachsparren

◆ Dachsparren 13 auf der linken Dachseite, Sparren 14 auf der rechten Dachseite hochkant auf den Firstbalken und die Pfetten legen und mit Heißkleber ankleben. Die Sparren bilden Pärchen. Sie werden an der Stirnseite so angeschrägt, dass sie bündig zusammenstoßen. Die Überstände der Sparren an den Pfetten betragen 3 cm bis 4 cm. Überstände mit Messer und Bürste bearbeiten. Hinteres Sparrenpaar über der Stallwand 9b und dem Querholm 8a anbringen. Der vordere Sparren 14 bildet außen eine Linie mit der Stallwand 9a. Vorderen Sparren 13 ca. 1 cm vom vorderen Pfettenende entfernt anbringen. Die restlichen Sparren 13 und 14 paarweise mittig anbringen.

◆ Sparren 15 im vorderen Bereich des Stalles als Verlängerung der beiden Sparren 14 auf dem Firstbalken mit Heißkleber befestigen.

◆ Zwischen dem vorderen Sparren 15 und dem Tragebalken 2b Strebe 17 schräg einpassen und festkleben.

◆ Anschließend wird der fertige Rohbau gebeizt (vgl. Seite 5). Die Beize sollte nicht zu satt aufgetragen werden. Nach dem Trocknen wird der Grauschleier mit feinem Schleifpapier entfernt.

Anbringen des Bretterverschlags

◆ Für den Bretterverschlag werden wieder Obst- oder Salatkisten oder ein entsprechend bearbeitetes Profilbrett verwendet (vgl. Seite 4).

◆ Schneiden Sie die Bretter für den Verschlag in 1 cm bis 2 cm breite Streifen und vermeiden Sie dabei scharfe Kanten und gerade Schnittflächen. Bretter evtl. mit dem Messer nachbearbeiten.

◆ Bretter für den Verschlag an Sparren bzw. Pfette sowie an der Mauer mit Heißkleber befestigen. Die Verkleidung darf dabei oben nicht über den Sparren hinausragen. Unten soll der Bretterverschlag die Oberkante der Stallwände ca. 1 cm überlappen und abgebrochen sein.

Rückansicht Variante mit Bretterverschlag

◆ Auf der linken Stallseite werden die Bretter an Sparren, Pfetten und Querholme geklebt. Achten Sie darauf, dass Sie die Bretter unregelmäßig anbringen. Die Tragebalken werden mitverkleidet.

Rückansicht Variante mit Mauerwerk

Fenster- und Türrahmen

◆ Die Fenster- und Türrahmen werden aus den Leisten 18 und 19 gefertigt. Messen Sie die Rahmen für die Fenster und Türen direkt am Original aus, schneiden Sie sie in der Länge entsprechend zu und bearbeiten Sie sie mit Messer und Schleifpapier.

◆ Die Rahmen werden gebeizt und mit Heißkleber eingeklebt.

Fenster- und Türrahmen

Dacheindeckung

◆ Für die Dachlattung werden möglichst dünne, ca. 1 cm breite Holzstreifen verwendet. Sehr gut geeignet sind Furnierreste, die man beim Schreiner erhält. Eine Lattung auf jeder Dachseite am unteren Sparrenende über die ganze Tiefe des Daches anbringen. Die Überstände hinten und vorne entsprechen dem Pfettenüberstand. Je eine Lattung wird direkt am First auf jeder Dachseite und eine Lattung wird auf der linken Dachseite am Ende der Sparren 15 angebracht. Auf jede Dachseite jeweils noch zwei Lattungen kleben (ausmitteln).

Dach mit Dachlattung

◆ Nun werden aus Obst- oder Salatkisten gefertigte Dachschindeln (vgl. Seite 4) auf die Dachlattung geklebt. Verwenden Sie für die Dachschindeln 4 cm bis 6 cm breite Brettchen. Eine Seite wird sauber abgesägt, die andere über eine Tischkante abgebrochen. Die Länge der Schindeln ergibt sich aus dem Abstand der Dachlatten zueinander plus 1 cm bis 2 cm (Überlappung).

◆ Beginnen Sie mit der Eindeckung auf der rechten Dachseite mit der untersten Schindelreihe. Die Dachschindeln müssen auf den beiden unteren Dachlatten aufliegen und werden dort mit Heißkleber aufgeklebt. Zuerst wird die unterste Schindelreihe angebracht. Die zweite Schindelreihe beginnt vorne mit einer halben Schindel und überlappt die untere Reihe um 1 cm bis 2 cm. Beginnen Sie die anderen Schindelreihen abwechselnd mit einer halben und einer ganzen Dachschindel, damit ein durchlaufender Stoß vermieden wird.

- Decken Sie beide Dachhälften auf diese Weise ein. Die beiden obersten Schindelreihen stoßen am First zusammen.
- Als Firstkappe einen halbierten Holunderzweig aufkleben. Dafür wird ein gerader Holunderzweig (ø ca. 2,5 cm) halbiert, das Mark entfernt und die eine Hälfte auf den First geklebt.
- Dach und Bretterverschlag beizen.
- Die Ausgestaltung des Daches ist auf Seite 61 beschrieben.

Gestaltung der Grundplatte

- Die weitere Gestaltung der Grundplatte mit Streumaterial, Zaun, Holzstößen, Misthaufen und einem Baum sowie weitere Infos zur Ausgestaltung der Krippe finden Sie auf Seite 60 ff.

Krippe D, Variante mit Mauerwerk

Für die **Variante mit Mauerwerk** gilt die gleiche Stückliste wie für die Variante mit Bretterverschlag auf Seite 43. Es werden lediglich die Querholme 4 und 8 durch die Stallwände 4 und 8 ersetzt (siehe Stückliste Seite 43 und Montageskizze Seite 50).

Montage Krippe D, Variante mit Mauerwerk

Montageskizze

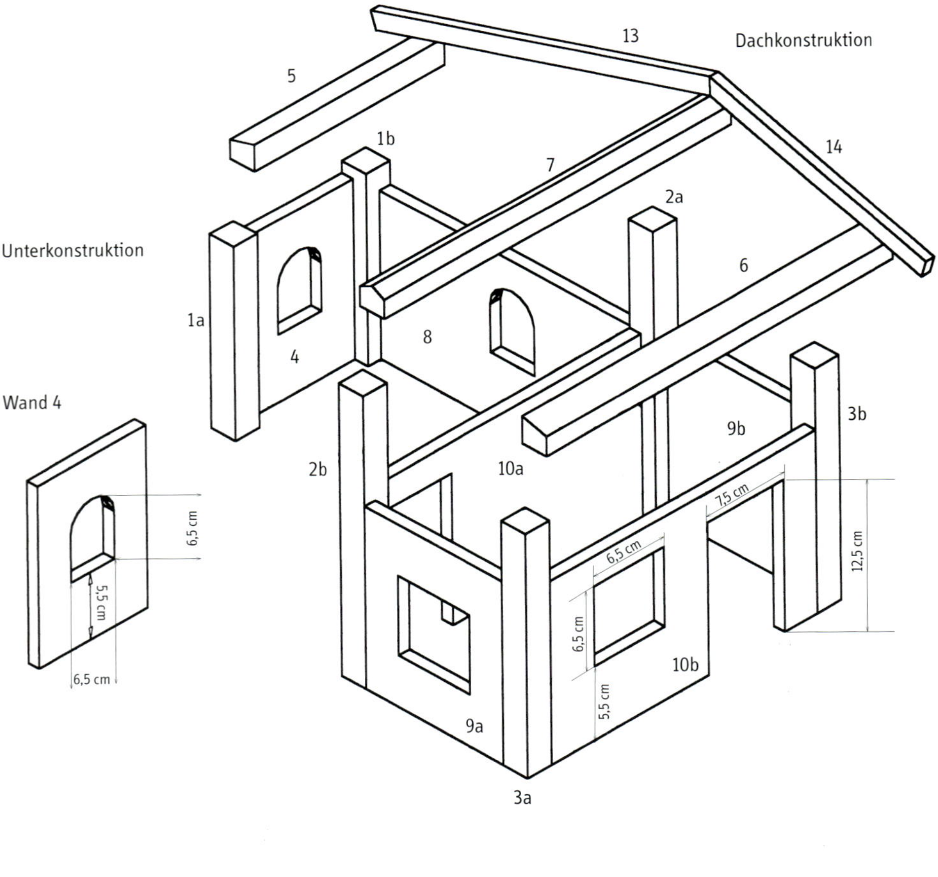

Montage Krippe D, Variante mit Mauerwerk

Unterkonstruktion

◆ Die Montage der Unterkonstruktion erfolgt im Wesentlichen wie die Montage der Variante mit Bretterverschlag, wie sie ab Seite 44 beschrieben ist.

◆ Anstelle der Querholme 4 und 8 werden die beiden Stallwände 4 und 8 verwendet.

◆ Vor dem Zusammenbau werden die Fenster und Türen aus den Wänden gesägt (Maße siehe Skizze). Für eine eingestürzte Mauer sägen Sie entsprechende Steinsegmente mit einer Stichsäge aus den Stallwänden 4 und 8.

◆ Die Stallwände werden dann außen bündig mit den jeweiligen Tragebalken montiert. Wenn die Tragebalken des Stalles und der Tragebalken 1a sichtbar bleiben sollen, werden sie vor dem Gipsen der Stallwände mit rechtwinkligen Profilleisten (20 mm x 20 mm), die im Baumarkt erhältlich sind, verkleidet. Die Profilleisten werden auf die entsprechende Länge geschnitten und die geraden Schnittflächen und Kanten werden mit einem scharfen Messer und einer Drahtbürste bearbeitet. Anschließend mit Heißkleber oder Holzleim an die Tragebalken kleben.

◆ Beim Vergipsen der Stallwände können sie abgeklebt werden.

◆ Der weitere Zusammenbau ist identisch mit der Variante mit Bretterverschlag (Seite 44 ff.).

Krippe E

→ einfach und stimmungsvoll

Krippe E, aus Ästen

1 Diese Krippe ist ein einfacher Unterstand, der mit geringem Aufwand zu bauen ist. Sie kann an vier Seiten oder auch nur an ihrer Vorderfront offen gestaltet werden. Die Krippe kann aus Vierkanthölzern oder dürren Ästen gebaut werden. Wenn Sie ihr ein besonders altes und schiefes Aussehen verleihen wollen, sollten Sie dürre Äste und Zweige verwenden, die im Wald leicht zu finden sind. Die Stückliste gilt für beide Varianten.

2 Krippenfiguren: Diese Krippe eignet sich besonders für kleinere Figuren (bis 10 cm) und wenig Stellplatz.

3 Maße des Krippenstalls: Breite 25 cm, Tiefe 18 cm. Grundplatte mindestens 40 cm x 40 cm.

4 Das außerdem benötigte Kleinmaterial und das notwendige Werkzeug ist auf Seite 4 beschrieben.

5 Zusätzlich benötigen Sie für Bretterverschlag und Dacheindeckung pro Krippe Bretter von ca. 4 bis 5 Obst- oder Salatkisten (vgl. Seite 4).

Stückliste – Äste oder Vierkanthölzer:

Nr.	Bezeichnung	Profil/Material (Maße in cm)	Maße in cm	Anzahl
1	Tragebalken	Rundholz/Vierkant	14 x 3 ø/14 x 2 □	2
2	Tragebalken	Rundholz/Vierkant	11 x 3 ø/11 x 2 □	2
3	Querbalken	Rundholz/Vierkant	30 x 1,5 ø/30 x 1,5 □	2
4	Sparren	Rundholz/Vierkant	28 x 1 ø/28 x 1,5 x 1	4
5	Querholm	Rundholz/Vierkant	13 x 1 ø/13 x 1,5 x 1	2
6	Querholm	Rundholz/Vierkant	21 x 1 ø/21 x 1,5 x 1	1
7	Streben	Rundholz/Vierkant	10 x 1 ø/10 x 1 □	2
8	Randleisten für Grundplatte	Vierkant	41 x 1,5 x 0,5	4
9	Senkkopf- Holzschrauben		30 mm x 3 mm ø	

Hinweis: Die Teile 1 bis 7 werden erst beim Zusammenbau auf die angegebene Länge zurecht geschnitten. Lassen Sie also das Rohmaterial mindestens 2 cm länger als angegeben.

Montageskizze

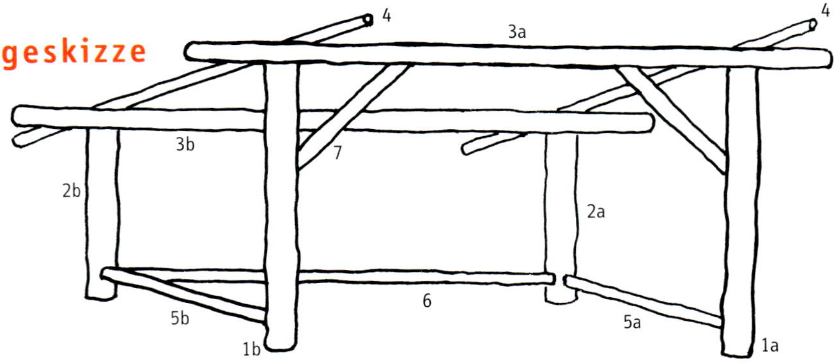

Montage Krippe E, aus Ästen

Unterkonstruktion

- Äste für die vier Tragebalken 1 und 2 auf entsprechende Länge zuschneiden.

- Die Tragebalken werden auf der Grundplatte ausgerichtet und von unten aufgeschraubt. Ihre Abstände zueinander ergeben sich aus den Längen der Querholme 5 und 6.

- Querbalken 3a über die Tragebalken 1a und 1b, Querbalken 3b über die Tragebalken 2a und 2b legen und beide Querbalken von oben anschrauben. Der Überstand auf beiden Seiten beträgt ca. 2 cm. Die Löcher in den Querbalken vorbohren und alle Schrauben versenken.

- Die beiden Querholme 5 zwischen die Tragebalken 1a und 2a bzw. 1b und 2b einpassen und mit Heißkleber festkleben, evtl. anschrauben (vgl. Montageskizze oben). Der Abstand von der Grundplatte beträgt 2 cm bis 3 cm.

- Ebenso wird Querholm 6 zwischen die beiden Tragebalken 2 geklebt.

Dachkonstruktion

◆ Die Sparren 4 über die beiden Querholme 3 legen, ankleben und evtl. anschrauben. Der Überstand vorne beträgt 4 cm bis 5 cm, hinten ca. 2 cm. Die beiden äußeren Sparren befinden sich genau über den darunter liegenden Querholmen 5.

◆ Die beiden anderen Sparren 4 ausmitteln und festkleben.

Dach mit Dachlattung

◆ Vier Dachlatten (Furnierreste vom Schreiner, vgl. Seite 4) quer über die Sparren kleben. Dabei die unterste und die oberste Dachlatte jeweils ca. 1 cm vor dem Ende der Sparren aufkleben und die beiden übrigen Latten ausmitteln. Der Überstand links und rechts beträgt ca. 2 cm.

◆ Die beiden Streben 7 auf Länge schneiden (8 cm bis 10 cm) und schräg zwischen die Tragebalken 1a bzw. 1b und Querbalken 3a kleben (siehe Abbildung rechts).

Anbringen des Bretterverschlags

◆ Für den Bretterverschlag werden wieder Holzbrettchen von Obst- oder Salatkisten verwendet (vgl. Seite 4).

◆ Schneiden Sie ungleiche Streifen von 1 cm bis 2 cm Breite zurecht.

◆ Die Brettchen werden auf der einen Seite über der Tischkante gebrochen und auf der anderen Seite so abgesägt, dass sie von der Oberkante der Sparren bis zur Grundplatte reichen.

Bretterverschlag

◆ Der Bretterverschlag wird mit Heißkleber befestigt. Kleben Sie die Bretter seitlich an die äußeren Sparren 4 und die Querholme 5, an die Rückseite des Querbalkens 3b und des Querholms 6. Der Bretterverschlag sollte unregelmäßig mit Spalten und Ritzen angebracht werden.

◆ Nach dem Trocknen wird der Bretterverschlag leicht mit feinem Schleifpapier überarbeitet.

Montage Krippe E

Dacheindeckung

◆ Das Dach wird mit Schindeln eingedeckt. Für die Schindeln schneiden Sie Holzbrettchen (von Obst- und Salatkisten, vgl. Seite 4) in 4 cm bis 6 cm breite Streifen und brechen sie über einer Tischkante auf die richtige Länge. Die Dachschindeln müssen auf den beiden unteren Dachlatten aufliegen und hinten in der Länge mit den Sparren abschließen.

◆ Beginnen Sie die Dacheindeckung mit der unteren Schindelreihe und kleben Sie Schindel an Schindel nebeneinander mit Heißkleber auf die Lattung.

◆ Die zweite Schindelreihe mit einer halben Schindel beginnen. Die zweite Reihe liegt auf der dritten Latte und überlappt die erste Reihe um 1 cm bis 2 cm.

◆ Die dritte Reihe beginnt wieder mit einer ganzen Schindel und reicht vorne bis zum Sparrenende.

◆ Nach der Fertigstellung werden das Dach und der Bretterverschlag gebeizt. Beachten Sie hierzu die Hinweise auf Seite 5.

◆ Nach dem Trocknen können das Dach und der Verschlag leicht mit feinem Schmirgelpapier bearbeitet werden.

◆ Die weitere Dachgestaltung ist auf Seite 61 ff. beschrieben.

Grundplatte

Die Gestaltung der Grundplatte mit Streumaterial und weitere Ausgestaltungsmöglichkeiten finden Sie auf Seite 61 ff.

Dacheindeckung

Krippe F

→ viel Stimmung mit wenig Aufwand

Krippe F, aus Ästen oder Vierkanthölzern

1 Der Krippenstall ist wie Krippe E ein einfacher Unterstand, jedoch mit Heuboden und einem nach vorne abknickenden Dach. Der Material- und Zeitaufwand ist nur unwesentlich höher als bei der Krippe E. Als Bauteile können wieder dürre Äste und Zweige oder auch Vierkanthölzer verwendet werden.

2 Zusätzlich benötigen Sie für Bretterverschlag, Heuboden und Dacheindeckung Bretter von ca. 4 bis 6 Obst- oder Salatkisten (vgl. Seite 4).

Stückliste – Äste oder Vierkanthölzer:

Nr.	Bezeichnung	Profil/Material (Maße in cm)	Maße in cm	Anzahl
1	Tragebalken	Rundholz/Vierkant	ca. 2,5 ø/18,5 x 2 □	2
2	Tragebalken	Rundholz/Vierkant	ca. 2,5 ø/12,5 x 2 □	2
3	Pfette	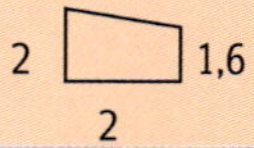	ca. 2,5 ø/32 x 2 □	1
4	Pfette	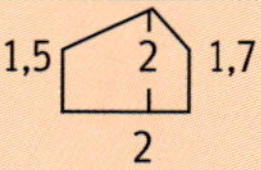	ca. 2,5 ø/32 x 2 □	1
5	Querbalken	Rundholz/Vierkant	ca. 1,5 ø/22 x 1,5 □	2
6	Sparren	Rundholz/Vierkant	ca. 1,0 ø/21 x 1 x 0,7	4
7	Sparren	Rundholz/Vierkant	ca. 1,0 ø/10 x 1 x 0,7	4
8	Querholm	Rundholz/Vierkant	ca. 1,0 ø/22 x 1 x 0,7	1
9	Querhom	Rundholz/Vierkant	ca. 1,0 ø/13,5 x 1 x 0,7	4
10	Stützbalken	Rundholz/Vierkant	ca. 1,0 ø/7 x 1 x 0,7	1
11	Streben	Rundholz/Vierkant	ca. 1,0 ø/10 x 1 x 0,7	6
12	Grundplatte	Pressspan	ca. 45 x 45 x 1	1
13	Leiste für Grundplatte		0,5 x 1,2 x 47	4

Montageskizze Krippe F

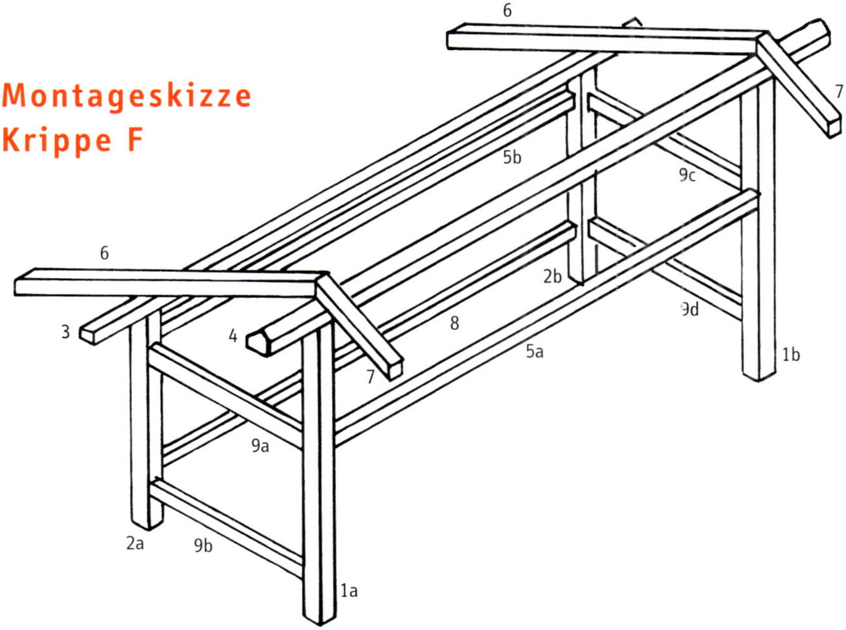

Montage Krippe F

Unterkonstruktion

- Tragebalken 1a, 1b, 2a und 2b werden entsprechend der Montageskizze mit den Querholmen 8, 9a bis 9d und den beiden Querbalken 5a und 5b jeweils mit den Tragebalken außen bündig verschraubt. Dazu Tragebalken mit Bohrer (ø 3 mm) vorbohren. Der Abstand der Unterkante von Querholmen 5a und 5b zur Grundplatte beträgt 15 cm, der Abstand der Querholme 9b und 9d zur Grundplatte beträgt 2 cm bis 3 cm. Holme 9a und 9c werden etwas versetzt zu den Querbalken 5 angebracht.

- Die vier Tragebalken 1 und 2 von unten auf die Grundplatte schrauben.

- Die Pfette 3 wird mit einem scharfen Messer auf der ganzen Länge um ca. 30° angeschrägt (vgl. Stückliste Seite 58).

- Die Pfette 4 wird auf zwei Seiten auf der ganzen Länge um ca. 30° angeschrägt (vgl. Stückliste Seite 58).

- Die Pfette 3 auf die Tragebalken 2 und Pfette 4 auf die Tragebalken 1 von oben schrauben. Die Pfetten stehen auf beiden Seiten ca. 1,5 cm über. Die Pfette 3, der Querbalken 5b und der Querholm 8 sitzen außen genau übereinander.

Krippe F

◆ Anschließend wird der Heuboden eingebaut. Dazu werden 1 cm bis 2 cm breite Holzbretter quer über die beiden Querbalken 5 gelegt und festgeklebt. Hinten haben die Bretter keinen Überstand, vorne werden sie unregelmäßig abgebrochen, hier beträgt der Überstand 2 cm bis 3 cm.

Dachaufbau

◆ Die Dachsparren 6 werden hochkant auf die Pfetten 3 und 4 mit Heißkleber geklebt. Der Überstand der Sparren nach hinten beträgt ca. 3 cm, vorne schließen sie genau an der Mitte der Pfette 4 ab. Die äußeren Sparren 6 befinden sich genau über den Querholmen 9, die beiden inneren Sparren werden ausgemittelt.

Unterkonstruktion mit Heuboden und Dachlattung

◆ Die Sparren 7 werden an der Stirnseite angeschrägt und paarweise mit den Sparren 6 auf die Pfette 4 geklebt.

◆ Eine Strebe 11 zwischen den Tragebalken 1a und Sparren 7 und eine Strebe 11 zwischen Tragebalken 1b und Sparren 7 schräg einpassen und ankleben.

◆ Den Stützbalken 10 senkrecht zwischen Heuboden und Pfette 4 mittig einpassen und einkleben.

◆ Passen Sie jeweils eine Strebe 11 zwischen jeden Sparren 7 und dem Heuboden schräg ein und kleben Sie sie fest.

Anbringen des Bretterverschlags und des Daches

◆ Der Weiterbau mit dem Aufkleben der Dachlatten, dem Anbringen des Bretterverschlags, dem Aufkleben der Dachschindeln, dem Beizen sowie der Gestaltung der Grundplatte erfolgt auf die gleiche Weise wie vorher bei bei Krippe E (siehe Seite 54 ff.).

Die weitere Ausgestaltung der Krippen

Die sorgfältige und liebevolle Ausgestaltung der Grundplatte trägt wesentlich zum Gelingen Ihrer Krippe bei. Sie sollten daher auch die dafür notwendige Zeit aufwenden und Ihre eigene Fantasie einbringen. Wie soll der Boden gestaltet werden, wo soll ein Holzstoß aufgerichtet werden, ein Baum stehen oder der Brunnen mit Trog platziert werden? Der richtige Standort sollte vor Beginn der Ausgestaltung bereits festgelegt werden.

Gestaltung der Grundplatte

◆ Die Schnittkanten der Grundplatte werden mit denen in der Stückliste dafür vorgesehenen Leisten verkleidet.

◆ Die Leisten werden in die richtige Länge gebracht und bündig mit der Plattenunterseite – oben etwas überstehend – mit Holzleim und kleinen Nägeln auf den Schnittkanten befestigt. Bearbeiten Sie die Leisten mit Drahtbürste und Schleifpapier und beizen Sie sie anschließend.

◆ Für Zaunpfähle werden am Rand der Grundplatte im Abstand von ca. 18 cm Löcher in die Grundplatte gebohrt (ø ca. 6 mm). Sie können auch Bohrungen für Pfähle von Holzstößen setzen. Wo ein Holzstoß angebracht wird, entscheiden Sie selbst.

Gestaltung der Oberfläche

◆ Auf Geländeerhebungen auf der Grundplatte wurde bereits auf Seite 5 hingewiesen. Zur weiteren Gestaltung des Bodens wird im inneren Bereich der Krippe (Stall und Scheune) auf dem Boden reichlich Holzleim aufgetragen.

◆ Streuen Sie etwas mit einer Schere kurzgeschnittenes Stroh auf und drücken Sie es mit der flachen Hand etwas fest. Das Streumaterial kann auch einfach selbst hergestellt werden. Dazu werden ca. 1 Liter Sägespäne – ersatzweise aus Kleintierstreu – (Zoofachhandel, Drogeriemarkt) mit 20 bis 30 ml dunkler Farbe kräftig und intensiv vermischt, bis eine dunkle Streue entstanden ist.

◆ Als Farbton empfehle ich Erdbraun, wobei an den Rändern etwas Grün eingstreut werden kann. Zusätzlich sollte noch etwas fein verriebene trockene Baumrinde und trockenes Baummoos aufgestreut werden.

Dachgestaltung

◆ Auf das Dach können zum Beschweren der Dachschindeln Steine mit Heißkleber geklebt werden. Als Schneefang können am Ende der beiden Dachhälften ca. 1 cm starke, runde Äste aufgeklebt werden. Zur weiteren Ausgestaltung des Daches können Sie auch etwas Baummoos aufkleben.

Elektrische Beleuchtung

◆ Das Anbringen einer Stalllaterne wird bei der Krippe B auf Seite 26 beschrieben.

Die weitere Ausgestaltung der Krippen

Die Details

◆ Diese Arbeiten erfordern etwas Geschick, Geduld und Liebe zum Detail.

◆ Wichtig bei der Herstellung der Kleingeräte, Holzstöße, Zäune usw. ist, die richtigen Größenverhältnisse zu finden und einzuhalten. Sie sind immer an der Größe der Krippe und an den Krippenfiguren auszurichten.

BRETTERSTAPEL

◆ Für einen Bretterstapel können 1 cm bis 2 cm breite und 12 cm bis 14 cm lange Holzbrettchen aufgerichtet werden. Die Breite des Stapels sollte 7 cm bis 8 cm betragen.

◆ Legen Sie zwischen die Stapel an beide Enden Querleisten, auf die die nächste Bretterschicht geklebt wird. Der Stapel sollte etwa fünf Bretterschichten umfassen. Bretterstapel nach dem Antrocknen mit Wachsbeize beizen.

HACKKLOTZ

◆ Der Hackklotz kann ebenfalls aus einem 3 cm bis 4 cm starken, dürren Ast geschnitten werden. In der Höhe sollte der Hackklotz bis zu den Oberschenkeln der Figuren reichen.

HOLZSTOSS

◆ Zur Erstellung eines Holzstoßes sind Holzscheite notwendig, die man aus einem dürren Ast herstellt. Von diesem Ast werden mit einer Säge 3 cm bis 4 cm dicke Scheiben geschnitten und mit einem scharfen Messer zu Holzscheiten gespalten.

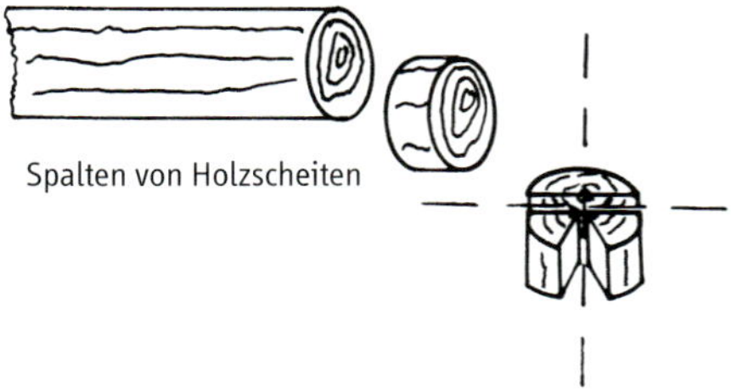

Spalten von Holzscheiten

◆ Diese Scheite werden an der vorgesehenen Stelle zu einem Holzstoß aufgeschichtet. An den Enden des Holzstoßes werden jeweils zwei Pflöcke angebracht. Sie bestehen aus einem ca. 4 mm dicken, runden Zweig und werden in die Grundplatte gebohrt.

ZAUN

◆ Der Zaun wird am Rand der Grundplatte angebracht, kann jedoch auch bei entsprechend großer Grundplatte weiter hineingesetzt werden. Die Zaunpfähle, die aus 5 mm bis 6 mm starken, dürren Zweigen gebrochen werden, werden in den dafür vorgesehenen Bohrungen in der Grundplatte mit etwas Heißkleber befestigt. Die Pfähle sollten nicht höher als 6 cm sein.

◆ An die Pfähle, die im Abstand von ca. 18 cm gesetzt werden, werden außen dünne Holzstreifen geklebt, wie sie auch für die Dachlattung verwendet wurden. Anstelle dieser Holzstreifen können auch 3 mm bis 4 mm starke dürre Zweige aufgeklebt werden.

BAUM

◆ Als Bäume können Wurzeln verwendet werden, die man an Wurzelstöcken von entwurzelten Bäumen findet.

Die Baumhöhe sollte in etwa der Krippenhöhe entsprechen. Der Baum wird an beliebiger Stelle von unten durch die Grundplatte angeschraubt.

BRUNNEN

◆ Für einen Brunnen kann ein dürrer, möglichst gerader Ast verwendet werden, der 3 cm bis 4 cm dick sein sollte und in der Höhe den Figuren angepasst ist. Auf das obere Ende des Brunnens, das wie ein Dach schräg geschnitten ist, wird ein Holzdach geklebt. Als Wasserauslauf dient ein dünner, dürrer Zweig, der möglichst rechtwinklig gebogen ist und in ein vorgebohrtes Loch geklebt wird.

WASSERTROG

◆ Zur Herstellung eines Wassertrogs kann ein ca. 12 cm langer und ca. 3 cm dicker Holunderast verwendet werden, der an beiden Seiten ca. 1 cm vom Rand entfernt bis zur Hälfte seines Durchmessers mit einer Säge eingeschnitten wird. Das Holz zwischen den beiden Schnittstellen wird mit einem Messer vorsichtig entfernt, ebenso das in der Mitte befindliche Mark.

◆ Zwei kurze, flache Leisten als Füße werden quer auf die Unterseiten des Trogs geklebt. Der Trog kann jedoch auch aus dünnen Brettchen gefertigt werden.

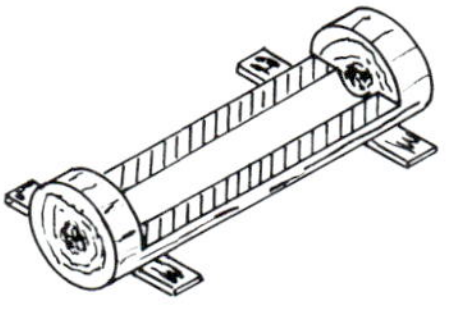

TREPPE

◆ Für eine Treppe stellen Sie zwei der Skizze (siehe Seite 64) entsprechenden Wangen her. Die Treppenwangen werden im Abstand von 5 cm bis 6 cm parallel vom Boden schräg zum Treppenauftritt gelegt und festgeklebt.

WEITERFÜHRUNG

Die weitere Ausgestaltung der Krippen

◆ Die beiden Treppenwangen werden mit den Treppenauftritten verbunden. Kleben Sie die Treppenauftritte an die Wangen.

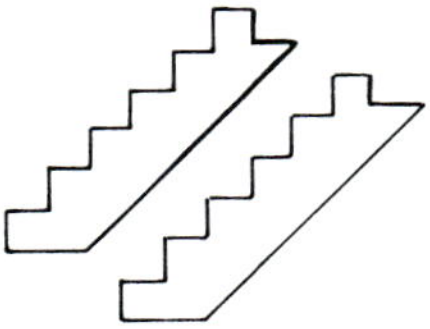

BANK

◆ Für eine Bank, die vor dem Stallfenster platziert werden kann, wird ein 3 cm bis 4 cm dicker Ast in der Mitte durchgeschnitten. Die Schnittfläche und die Schnittkanten werden mit einem Messer bearbeitet. Auf der Unterseite der Bank werden zwei kurze Querleisten jeweils an das Ende des Astes geklebt.

MISTHAUFEN

◆ Dort, wo auf der Grundplatte entsprechender Platz vorhanden ist, kann ein Misthaufen errichtet werden. Besonders geeignet ist bei der Krippe D der Platz rechts neben der Stalltür.

◆ Der Misthaufen wird auf drei Seiten eingezäunt, wobei die Umzäunung wie der Zaun gestaltet wird. Lediglich die Bretter sind etwas breiter als beim Zaun.

◆ Für den Mist wird etwas Stroh in 1 cm bis 2 cm Länge geschnitten, in angerührtem Tapetenkleister eingeweicht und durchgeknetet. Diese Masse wird in der Umzäunung als Misthaufen aufgeschichtet.

SONSTIGES

◆ Besen, Leiter, Karren, Rechen und sonstiges Kleingerät können mit etwas Geschick und Zeit selbst hergestellt oder auf Weihnachtsmärkten erworben werden.

IMPRESSUM

FOTOS: frechverlag GmbH, 70499 Stuttgart; Fotostudio Ullrich & Co., Renningen;
DETAIL-FOTOS: Gisela Reicheneder
DRUCK: frechdruck GmbH, 70499 Stuttgart

Auflage: 5. 4. 3. 2. 1.
Jahr: 2009 2008 2007 2006 2005 [Letzte Zahlen maßgebend]

ISBN 3-7724-3418-5
Best.-Nr. 3418

Wenn mein Kind nicht schlafen will